Geschäftsmodellinnovationen durch Industrie 4.0

—

Wie sich Geschäftsmodelle im Industrial Internet verändern

Markus Lassnig, Petra Stabauer, Hannes Selhofer

Dieser Band ist Teil der Schriftenreihe „InnovationLab Arbeitsberichte" des Forschungsbereichs InnovationLab der Salzburg Research Forschungsgesellschaft mbH. Die Schriftenreihe dokumentiert Ergebnisse aus Forschungs- und Innovationsprojekten.

ISBN   978-3-744872-67-6

Markus Lassnig, Petra Stabauer, Hannes Selhofer:

Geschäftsmodellinnovationen durch Industrie 4.0 – Wie sich Geschäftsmodell im Industrial Internet verändern

Band 4 der Reihe „InnovationLab Arbeitsberichte", herausgegeben vom Forschungsbereich InnovationLab der Salzburg Research Forschungsgesellschaft mbH

Verlag und Herstellung: Book on Demand, Norderstedt
Umschlaggestaltung: Daniela Gnad, Salzburg Research.

Dieser Band beruht auf Ergebnissen des Projekts „Next Generation Multi-Purpose Production Systems (NGMPPS)", Projektlaufzeit 30 Monate. Das Projekt NGMPPS wurde durch das österreichische Bundesministerium für Verkehr, Innovation und Technologie und das Land Salzburg gefördert.

Bibliografische Information der Deutschen Nationalbibliothek:

Die Deutsche Nationalbibliothek verzeichnet diese Publikation
in der Deutschen Nationalbibliografie; detaillierte bibliografische
Daten sind im Internet über http://dnb.d-nb.de abrufbar.

Inhaltsverzeichnis

4

Abbildungsverzeichnis

ZUSAMMENFASSUNG

Der vorliegende Bericht widmet sich der Frage nach Auswirkungen des Industrial Internet of Things (IIoT – für eine exakte Definition siehe Kapitel Auswirkungen des Industrial Internet of Things auf Geschäftsmodelle) auf Geschäftsmodelle. Industrial Internet und Industrie 4.0 werden in diesem Zusammenhang synonym verwendet. Der Fokus liegt dabei auf der Anwenderseite – also Unternehmen und Kunden in verschiedenen Branchen, aber nicht in der IT-Branche als Anbieter von IIoT-Lösungen. Angelehnt an das Geschäftsmodell-Konzept von Oliver Gassmann werden jeweils vier Komponenten analysiert:

(1) Die Zielkunden,

(2) die Produkte/Dienstleistungen,

(3) die Prozesse und

(4) das Ertragsmodell.

Aus der Literaturauswertung wie auch aus Gesprächen mit Experten wurde klar, dass die Auswirkungen des Industrial Internet of Things meist eher mittelbar sind und eine branchenspezifische Analyse notwendig ist. Am ehesten branchenübergreifende Gültigkeit hat die Aussage, dass die Erwartungshaltung der (End-)Kunden tendenziell steigen wird: Nutzer/ Nutzerinnen bzw. Kunden/ Kundinnen erwarten schlicht, dass Produkte immer smarter werden und betrachten alles aus dem Blickwinkel des Gesamtnutzens – ohne zu unterscheiden, wenn Produkte von verschiedenen Firmen gemeinsam angeboten werden oder wenn Produkte und Dienstleistungen gekoppelt werden. Dabei ist nicht immer ganz klar, wie das optimale Wertschöpfungsnetzwerk aussieht. In jedem Fall führt das IIoT zu flexibleren Wertschöpfungsketten bzw. -netzen und verstärkt den Trend zu Open Innovation. Auch gewinnen Erträge durch Servicierung in Relation zum Produktverkauf an Bedeutung. Generell eröffnet das IIoT neue Geschäftsfelder und ermöglicht neue Geschäftsmodelle, die je nach Branche jedoch sehr unterschiedlich ausfallen.
Branchenübergreifend kann man vier bedeutende Grundmodelle der Geschäftsmodell-Innovation unterscheiden:

- **Hybride Geschäftsmodellinnovationen für Produkte und Services:** Generieren den Nutzen aus der Vernetzung von Produkten und Serviceleistungen – meist unter starkem Einbezug des Kunden in den Wertschöpfungsprozess. Treiber für die Hybridisierung von Geschäftsmodellinnovationen sind technologische Entwicklungen wie die Digitalisierung gepaart mit sich verändernden Bedürfnissen und Erwartungen von Kunden und Nutzern. Bei hybriden Geschäftsmodellen kann man zwischen vier Formen unterscheiden, und zwar dem **produktorientierten Geschäftsmodell, dem systemorientierten, dem dienstleistungsorientierten und dem wertschöpfungsorientierten Geschäftsmodell.**

- **Digitale Geschäftsmodellinnovationen:** Entwickeln sich je nach Branche unterschiedlich schnell. Aktuell am weitesten entwickelt sind sie in der Medien-, Handels-, Verlags-, Finanzdienstleistungs- und Logistikbranche. Die angebotenen und ausgetauschten Leistungen sind in digitalen Geschäftsmodellen meist virtuell und digital – aber nicht immer. Eine gängige Klassifizierung geht von fünf Typen von digitalen Geschäftsmodellen aus – je nach **Content, Commerce, Context, Connection und Coordination.** Digitale Geschäftsmodellinnovationen gelten als offensiver und agiler als nicht digitale Geschäftsmodellinnovationen.

- **Datenzentrierte Geschäftsmodellinnovationen:** Machen Daten zur Ware und dienen als Wirtschaftsgut für Unternehmen. Daten können einerseits die Ware im Wertschöpfungsprozess sein, andererseits aber auch den Wertschöpfungsprozess oder die Kundenbeziehungen verändern. Die Basismodelle für datenzentrierte Geschäftsmodelle sind vielfältig: **Build to Order, Service Bundle, Simplifizierung, Pay per Use, Commission based Model, Intermediation und Subscription.** Diese Modelle können entweder auf die Wertschöpfungskette selbst abzielen, oder primär auf die Kundenbeziehung. Datenübertragung und Datensicherheit sind dabei zwei übergeordnete Dimensionen, die für alle datenzentrierten Geschäftsmodelle von höchster Bedeutung sind.

- **Offene Geschäftsmodellinnovationen:** Sind durch die Zusammenarbeit eines Unternehmens mit externen Partnern charakterisiert. Ziel ist es durch Kooperationen die Wertschöpfung zu erhöhen, um damit maximalen Nutzen zu generieren. Ein bekanntes Element offener Geschäftsmodelle ist der Einbezug von Kunden in den Entwicklungsprozess eines Produktes oder Services. Manche offenen Geschäftsmodelle basieren auf **Open Data** – mitunter **Open Government Data**. Im Open Data Bereich gibt es drei zentrale Geschäftsmodelle: **Freemium, Cross Subsidy** und **Network Effects** (sowie etliche Abwandlungen davon).

Das Industrial Internet of Things wirkt wie ein Katalysator für diese vier Grundmodelle der Geschäftsmodellinnovation. Das IIoT beschleunigt dabei die Entwicklung massiv. Verschiedene Teile oder Aspekte der Geschäftsmodellinnovation wurden schon vor der Einführung des IIoT angestoßen, werden nun aber wesentlich forciert und erhalten eine bisher nicht bekannte Dynamik. In der umfassenden Umsetzung wären viele dieser

Geschäftsmodellinnovationen ohne das Industrial Internet of Things gar nicht möglich – jedenfalls nicht in dieser Ausprägung.

Den Abschluss des vorliegenden Werkes bildet eine Analyse von Herausforderungen und Chancen für Geschäftsmodelle im Industrial Internet. Grundsätzlich müssen sich Geschäftsmodelle in der digitalisierten Welt mit den drei großen Herausforderungen

(i)   Integration von Usern und Kunden,

(ii)   Dienstleistungsorientierung und

(iii)   Kernkompetenz Analytics

auseinandersetzen. Viele Herausforderungen stellen auch gleichzeitig Chancen für Unternehmen und deren Geschäftsmodelle dar. Zentral sind dabei die Möglichkeiten der Individualisierung, Flexibilisierung und Produktivitätssteigerung. Im Zusammenhang mit dem Internet der Dinge herausragend ist die Chance der Integration bisher nur in der digitalen Welt existierender Geschäftsmodellmuster in der physischen Welt.

AUSWIRKUNGEN DES INDUSTRIAL INTERNET OF THINGS AUF GESCHÄFTSMODELLE

Definition des Industrial Internet of Things

Das Internet of Things (IoT) ist eine „dynamic global network infrastructure with self-configuring capabilities based on standard and interoperable communication protocols where physical and virtual "things" have identities, physical attributes and virtual personalities and use intelligent interfaces and are seamlessly integrated into the information network" (European Commission, DG Connect 2016).
Das Industrial Internet of Things (IIoT) bezeichnet die Anwendung von IoT Technologien in Gewerbe und Industrie.

1 Analyseansatz

1.1 Zentrale Fragestellungen

Unsere Analysen befassen sich mit folgenden zentralen Fragestellungen:

- Welchen Einfluss hat das Industrial Internet of Things auf Geschäftsmodelle von Unternehmen in verschiedenen Branchen?
- Welche Anforderungen zur Innovation von Geschäftsmodellen kommen auf Unternehmen möglicherweise zu?
- Welche Chancen und Risiken resultieren daraus für Unternehmen? Wie können die Unternehmen die sich ergebenden Chancen bestmöglich nutzen bzw. die Risiken abfedern?
- Wie können Unternehmen z.B. mit ihren Innovationsstrategien auf die neuen Herausforderungen reagieren?

An dieser Stelle möchten wir auf einige Aspekte für die Konzeption bzw. Abgrenzung der Studie sowie Begriffsdefinitionen hinweisen, die wichtig sind, um die getroffenen Aussagen richtig einordnen zu können.

1.2 Zwei Ebenen der Analyse

Eine gewisse Komplexität ergibt sich daraus, dass unsere Analyse sich auf zwei Ebenen („Units of Observation") bezieht:

(i)   einzelne Unternehmen quer durch verschiedene Branchen und
(ii)   die Branchenebene.

Dies resultiert aus einem Vorgehen, das sich als kombinierter Ansatz aus induktivem und deduktivem Verfahren darstellen lässt. Zum einen haben wir aus der Beobachtung von Einzelbeispielen (Unternehmensebene) Schlussfolgerungen für mögliche (allgemeine) Auswirkungen für die jeweilige Branche gezogen. Wir sind uns dabei bewusst, dass eine Gefahr besteht, einzelnen Beispielen irrtümlich Repräsentativität zuzuschreiben. Die Einordnung, wie repräsentativ und damit aussagekräftig Fallstudien und andere Einzelbeobachtungen sind, ist ein immanentes methodisches Problem (wenn keine Möglichkeit besteht, einen empirischen Nachweis z.B. durch eine begleitende Befragung erbringen zu können). Wir ziehen deshalb parallel zur Einzelfallbetrachtung auch Studien heran, die eher auf der Meso-Ebene ansetzen, also bestimmte Branchen oder bestimmte Anwendungsumgebungen untersuchen.[1] Aus diesen Analysen haben wir – in umgekehrter Richtung – Rückschlüsse auf mögliche Implikationen z.B. für bestehende Geschäftsmodelle von Unternehmen in bestimmten Branchen gezogen. Der vorliegende Report (Band 4) „Geschäftsmodellinnovationen durch Industrie 4.0" widmet sich der Analyse auf Unternehmensebene, der darauf folgende Report (Band 5) „Transformation verschiedener Wirtschaftssektoren durch Industrie 4.0" widmet sich der Analyse auf Branchenebene.

1.3 Fokus auf die Anwenderseite

Bei der Analyse von IT-bezogenen Entwicklungen sollte stets zwischen der Anbieter- und der Anwender-Perspektive unterschieden werden. Geht es eher um Fragen der Technologieentwicklung, der Marktentwicklung für IT-Dienste und Produkte, um Geschäftsmodelle oder die Erbringung von IT-Diensten (anbieterseitige Themen)? Oder geht es darum, wie Unternehmen aus anderen Branchen die neuen IT-Dienste für ihre Zwecke nutzen (Anwender-Perspektive)? Unsere Analyse in dieser Studie konzentriert sich auf die **Auswirkungen auf der Anwenderseite** – nicht auf die Auswirkungen auf die IT-Branche, die zurzeit an IIoT-Lösungen arbeitet und solche in Zukunft bereitstellen wird.

1.4 Der Geschäftsmodell-Begriff

Die Entstehung des „Geschäftsmodell"-Konzeptes als Instrument für die strategische Unternehmensplanung hängt eng mit der Entwicklung der Informations- und Kommunikationstechnologien und ihrer unternehmerischen

---

[1] siehe z.B. die McKinsey-Studie „The Internet of Things: Mapping the value beyond the hype", die Auswirkungen des IoT in bestimmten Kontexten wie „Heim", „Fahrzeug" oder „Fabrik" untersucht (McKinsey Global Institute 2015).

Anwendung zusammen. In seinem heutigen Sinn wird das Konzept vor allem mit dem New Economy Boom (1998-2001) in Verbindung gebracht, auch wenn der Begriff selbst bereits in den 1950er Jahren verwendet wird, zunächst allerdings eher in Kontexten mit Begriffen aus der Computer- und Systemmodellierung (vgl. Wirtz 2013, S. 7f). Aus der Historie lässt sich beim Geschäftsmodell-Konzept somit eine informatikwissenschaftliche (Wirtschaftsinformatik) und eine eher betriebswirtschaftliche (Management) Verwendung unterscheiden. Wir verwenden den Begriff ausschließlich in der Management-bezogenen Variante. Wirtz unterscheidet hier nochmals zwischen einem organisationstheoretischen und einem strategischen Ansatz.

Wir haben zur Bewertung der IoT-Auswirkungen auf Geschäftsmodelle von Unternehmen das Geschäftsmodell-Konzept von Oliver Gassmann (2013) zugrunde gelegt. Dieses ist weitgehend konsistent mit anderen aktuellen Definitionen des Begriffs. Die verschiedenen Definitionen, was letztlich ein „Geschäftsmodell" ausmacht (Komponentenperspektive), sowie gängige Methoden zur Entwicklung bzw. Innovation von Geschäftsmodellen (Prozessperspektive) unterscheiden sich vor allem darin, in welche Komponenten ein Geschäftsmodell konkret heruntergebrochen wird bzw. wie die (an sich ähnlichen Komponenten) gruppiert werden. Manche Ansätze – z.B. nach Wirtz (2013), oder auch der zurzeit populäre „Business Model Canvas" (vgl. Osterwalder 2011) gliedern feiner und somit in mehrere Komponenten, während andere Ansätze mit weniger (dafür höher aggregierten) Komponenten auskommen. Wieder andere Ansätze bauen auf Gassmann auf (vgl. Fleisch & Weinberger & Wortmann 2014) und konstatieren, dass das (Industrielle) Internet der Dinge sowohl neue Muster in bisher nicht bekannter Art und Weise ermöglicht als auch für die von Gassmann etablierten 55 Grundtypen von Geschäftsmodellen begünstigende Bausteine liefert.

Gassmann schlägt vor, bei der Analyse und Entwicklung von Geschäftsmodellen vier wesentliche Komponenten zu berücksichtigen (siehe Abbildung 1).

1. **Das „WER?" – der Kunde:** Wer sind die Zielkunden eines Unternehmens, welche Kundensegmente gibt es?

2. **Das „WAS?" – das Nutzenversprechen:** Welche Produkte bzw. Dienstleistungen bietet ein Unternehmen den Zielkunden an? Welche Bedürfnisse sollen damit wie befriedigt werden, d.h. welchen konkreten Nutzen ziehen die Kunden daraus?

3. **Das „WIE?" – die Prozesse und die Wertschöpfungskette:** Wie konfiguriert und koordiniert das Unternehmen seine internen Prozesse und seine Wertschöpfungskette, um das Nutzenversprechen erfüllen zu können? Welche Teile der Wertschöpfung erledigt es selbst, welche lagert es aus?

Abbildung 1: Komponenten eines Geschäftsmodells nach Gassmann (eigene Darstellung)

4. **Die Frage nach dem WERT – die Ertragsmechanik:** Mit welchen Umsatzmechanismen erzielt das Unternehmen letztlich seine Erträge und Gewinne? Wie ist die Kostenstruktur für die Herstellung der Leistungen?

Wir wenden dieses Konzept für unsere Analyse an und versuchen Hinweise zu erhalten, in welchen dieser vier Felder das Internet der Dinge am spürbarsten wirksam werden wird, und in welcher konkreten Form.

1.5   Einschätzung im Überblick

Branchenübergreifend lassen sich thesenartig folgende Trends aus der Literaturauswertung sowie Gesprächen mit Experten (auch im Kontext anderer Studien) bezüglich der wirtschaftlichen Auswirkung des Industrial Internet of Things ableiten:

1.5.1   Auswirkungen auf die Zielkunden, ihre Segmentierung und ihre Erwartungen

Auswirkungen eher mittelbar – branchenspezifische Analyse ist notwendig.

- Wiewohl die (End-)Kundenperspektive stets im Mittelpunkt strategischer Überlegungen eines Unternehmens stehen sollte, sehen wir gerade in dieser Hinsicht vielfach nur geringe unmittelbare Auswirkungen durch das Industrial Internet of Things.

- Vor allem sind hier branchenübergreifende Analysen kaum möglich bzw. wenig sinnvoll, weil sich die Kundensegmente zu stark unterscheiden und somit auch eine allfällige Dynamik kaum vergleichbar ist.
- Am ehesten sehen wir ein gewisses Potenzial, durch smarte Produkte auch neue Kundensegmente zu erschließen, die zuvor nicht angesprochen werden konnten, zum Beispiel in bestimmten Consumer-Segmenten wie der Sport- und Freizeitwirtschaft. Aber auch in anderen Branchen sollten sich Unternehmen die Frage stellen, für welche bislang nicht erreichten Kundensegmente ihre Produkte / Dienstleistungen attraktiv werden könnten, wenn sie mit neuen „smarten" Zusatzfunktionen ausgestattet werden.

Neue Erwartungshaltungen – wie befriedigen?

- Einen allgemeinen Trend, der unserer Einschätzung nach in vielen Branchen Gültigkeit haben wird, sehen wir am ehesten in einer steigenden Erwartungshaltung der Kunden/ Kundinnen: Wenn immer mehr Produkte „smart" werden und potenziell mit Zusatzfunktionen ausgestattet werden, wird das von Kunden/ Kundinnen auch zunehmend erwartet werden. Die geforderten Zusatzfunktionen gehen dabei nicht notwendigerweise mit einer erhöhten Zahlungsbereitschaft einher, was es für Anbieter natürlich herausfordernder macht: Die gebotenen Zusatzfunktionen sollten möglichst geringe zusätzliche Kosten in der Produktion verursachen – mit dem Einsatz von IIoT Technologien ist das auch teilweise möglich.
- Unternehmen sehen sich hier mit einer zweifachen Herausforderung konfrontiert: Zunächst gilt es zu verstehen und zu antizipieren, wie sich die Erwartungshaltungen verändern; dann gilt es, diesen durch innovative Produkte und Dienste auch gerecht zu werden.
- Eine spezielle Erwartungshaltung betrifft hierbei den Kundenwunsch nach völligem Customizing, also der absoluten Individualisierung der angebotenen Produkte bzw. Services. Auf Anbieterseite führt diese Erwartungshaltung zum Trend in Richtung Lot Size One. Dabei ist das IIoT oftmals Enabler für eine wirtschaftlich sinnvolle Produktion mit Lot Size One.

1.5.2 Auswirkungen auf Produkte und Dienstleistungen: Das Nutzenversprechen

„Services are the new product"

- Auch bei herstellenden Unternehmen gewinnen Dienstleistungen, die rund um das Produkt erbracht werden (z.B. Wartungsverträge, Datenauswertungen, automatisierte Nachlieferung von Verbrauchsmaterialien) an Bedeutung.
- Die Grenzen zwischen herstellender Industrie („Manufacturing") und dem Dienstleistungssektor („Services") verschwimmen dadurch zunehmend.

__„Smart – smarter – smartest": Die Erwartungen der Kunden werden zunehmen.__

- Neue technische Möglichkeiten schaffen eine neue Erwartungshaltung: Immer mehr Produkte müssen „smart" sein, um akzeptiert zu werden (z.B. ist bei Autos die Konnektivität ein zunehmend wichtiges Feature und damit ein Wettbewerbsfaktor).
- Damit entsteht auch ein neues Potenzial zur Produktdifferenzierung.

1.5.3 Auswirkungen auf Prozesse und Wertschöpfungsketten

__Das Internet der Dinge führt zu flexibleren Wertschöpfungsketten bzw. -netzen.__

- Bestehende Werteketten können leichter aufgebrochen werden, weil die Wechselkosten durch (zunehmend) standardisierte und digitalisierte Prozesse („Virtualisierung") nicht mehr prohibitiv hoch sein werden.
- Unternehmen agieren verstärkt in (teil-)offenen Netzwerken (Open Business Ecosystems, vgl. James F. Moore). Der Grad der Vernetzung wird ein entscheidender Faktor der Wettbewerbsfähigkeit.
- Intermediäre geraten zunehmend unter Druck: Mit dem generellen Trend zur Dis-Intermediation, wo beispielsweise Hersteller, die bisher ausschließlich über den Einzelhandel an Konsumenten vertrieben haben, direkte Online Vertriebsschienen zu den Endkunden aufbauen. Daneben gibt es aber auch den Gegentrend der Re-Intermediation, d.h. neue, bisher nicht in diesem Markt tätige Intermediäre etablieren neue Online Plattformen als Bindeglied zwischen Hersteller und Kunden. Diese neuen Intermediäre setzen bisherige traditionelle Intermediäre zusätzlich unter Druck.
- Der zentrale Trend im Vertrieb lautet „Multi Channel", d.h. die Anbieter bespielen parallel verschiedene Kanäle, um Kunden/ Kundinnen optimal zu bedienen und möglichst stark an sich zu binden. Das kann mit oder ohne Intermediäre erfolgen.

__IIoT verstärkt den Trend zu Open Innovation.__

- Das IIoT schafft neue Möglichkeiten für die frühzeitige Einbeziehung von Kunden/ Kundinnen in den Produktentwicklungsprozess („Prosumer", „Mass Customization").
- Dies wird innerbetrieblich eine noch stärkere Integration der Funktionsbereiche (v.a. Forschung & Entwicklung, Produktentwicklung, Marketing und Verkauf) erfordern.
- Es entstehen neue Plattformen für den Austausch von Designs, die Produktion und die Vermarktung.

1.5.4 Auswirkungen auf die Wertschöpfung/ Ertragsmodelle

Erträge durch Servicierung gewinnen in Relation zum Produktverkauf an Bedeutung.

- Der aus Dienstleistungen erzielte Wertschöpfungsanteil wird tendenziell (in Relation zum Anteil aus dem reinen Verkauf von Produkten) zunehmen.

Das IIoT eröffnet neue Geschäftsfelder und Geschäftsmodelle.

- Das IIoT wird zur Etablierung von neuen Akteuren im Markt führen (z.B. Plattformbetreiber, Connectivity Services, Intermediäre), die sich jeweils auf ein bestimmtes Segment der Wertschöpfung konzentrieren.
- Welche (neuen) Rollen und eventuell Geschäftsmodelle sich hier herausbilden werden, ist allerdings noch unklar; es wird auch „Trial and Error" geben (vgl. das Scheitern vieler B2B e-Commerce Plattformen nach dem Platzen der New Economy Blase).
- Anbieter differenzieren sich damit zunehmend (auch) über Ertrags- und Geschäftsmodelle, nicht nur über die angebotenen Produkte und Services.

2 Grundmodelle der Geschäftsmodellinnovation

Um langfristig den Erfolg von Unternehmen zu sichern, sind der ständige Wandel und die Innovation von bestehenden Geschäftsmodellen entscheidend. Reine Produkt- und Prozessinnovationen werden mittlerweile als unzureichend angesehen. Im Vergleich zu eben reinen Produkt- und Serviceinnovationen stellen Geschäftsmodellinnovationen einen erheblichen Wettbewerbsvorteil dar, da diese erschwert imitierbar sind. Geschäftsmodelle sind zwar nicht im Sinne des Urheberrechts schützbar, sie sind für Wettbewerber aber aufgrund des Zeitbedarfs und des Aufwands der gleichzeitigen Veränderung mehrerer Elemente des Geschäftsmodells nur beschränkt imitierbar. Zudem müssen die Veränderungen des Geschäftsmodells langfristig in die Strategie und Kultur eines Unternehmens übergehen und mit den Kernkompetenzen der Firma im Einklang sein (Bucherer et al., 2012, Schwarz et al., 2016). Obwohl die Innovation von Geschäftsmodellen als Vorteil gesehen wird, hält man sich in der Praxis noch zurück (Bucherer et al., 2012). Bisher haben sich Unternehmen anstelle von Geschäftsmodellinnovationen auf die Innovation von Produkten und Technologien fokussiert (Chesbrough, 2010). Auch in der Wissenschaft ist das Thema in den letzten Jahren verstärkt diskutiert worden, dennoch konnte man sich noch nicht auf eine allgemein anerkannte Definition des Begriffs einigen.

Diese Arbeit basiert auf der Definition von Wirtz (2013), welcher Geschäftsmodellinnovationen als „Gestaltungsprozess zur Hervorbringung eines weitgehend neuen Geschäftsmodells in den Markt, welches mit einer

Anpassung der Value Proposition und/oder der Value Constellation einhergeht und die Generierung oder Sicherung eines nachhaltigen Wettbewerbs abzielt" definiert (Wirtz, 2013, S. 207).

Geschäftsmodellinnovationen können einerseits anhand ihrer Innovationsquelle differenziert werden. Man unterscheidet zwischen internen und externen Bedrohungen, sowie internen und externen Chancen. Andererseits können Geschäftsmodellinnovationen, ähnlich wie Produktinnovationen, anhand ihres Innovationsgrads unterschieden werden. Eine Geschäftsmodellinnovation kann sowohl inkrementell, als auch radikal sein (Zott und Amit, 2002; Schallmo, 2014). Mit inkrementellen Geschäftsmodellinnovationen werden eher geringfügige Änderungen des Geschäftsmodells bezeichnet, wohingegen radikale Geschäftsmodellinnovationen sich mit der Entwicklung eines neuen und bis zu einem gewissen Grad bisher unbekanntem Geschäftsmodell beschäftigen (Schallmo, 2014). Der Innovationsprozess selbst beginnt mit einer Analysephase, welche durchaus mehrere Jahre in Anspruch nehmen kann, und setzt sich über die Gestaltung fort, bis hin zur Umsetzung und der Kontrolle (Bucherer et al., 2012). Grundsätzlich kann der Innovationsprozess auf jeder Ebene und in allen Komponenten eines Geschäftsmodells ansetzen, wie etwa dem Nutzenversprechen, der Wertschöpfungsarchitektur, oder dem Ertragsmodell. Jedoch spielt die starke Verknüpfung der einzelnen Elemente eine große Rolle (Bienzeisler & Ganz, 2013).

Die sich verändernde Unternehmensumwelt beeinflusst bestehende Geschäftsmodelle stark. Durch die immer fortschreitende Digitalisierung stellen sich völlig neue Anforderungen und Herausforderungen für Unternehmen. Neue Kundenwünsche, sich enorm verändernde Märkte, neue Strukturen im Wertschöpfungsprozess und viele weitere Entwicklungen sind bedingt durch neue Technologien. Abbildung 2 veranschaulicht den Weg der digitalen Transformation.

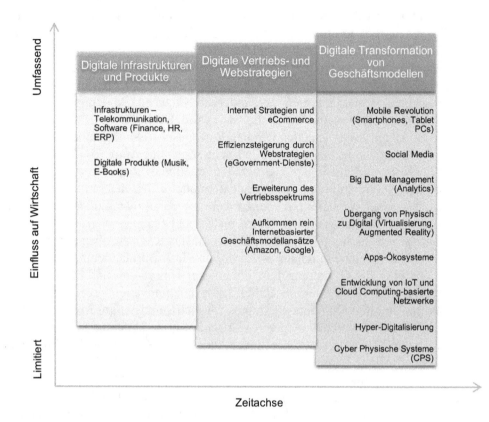

Abbildung 2: Digitale Transformation (eigene Darstellung, basierend auf Jaekel, 2015; Berman & Bell, 2011)

Digitalisierung war bereits Ende der 1990 Jahre durch die ersten digitalen Produkte und neuen Infrastrukturen ein relevantes Thema. Anfang 2000 beschäftigte man sich bereits mit den ersten digitalen Vertriebs- und Webstrategien. In diesem Zeitraum wurden erstmals rein internetbasierte Unternehmen wie Amazon und Google populär. Außerdem konnten viele Unternehmen ihr Vertriebsspektrum durch die Digitalisierung erweitern und ihre Effizienz durch neue Webstrategien steigern. Seit 2010 ist die Digitalisierung bereits so weit fortgeschritten, dass es zu einer Transformation von Geschäftsmodellen kommt und sich neue, digitale Geschäftsmodelle entwickeln.

Neue Technologien begünstigen das Sammeln großer Mengen an Daten. Die gewinn- und nutzenbringende Verwendung dieser sogenannten Big Data stellt eine neue Herausforderung für Unternehmen dar. Eine Neuerung nicht nur für Unternehmen, sondern auch für die Gesellschaft, ist die schnelle Entwicklung und Verbreitung von digitalisierten Produkten und Services, was oftmals als Hyper-Digitalisierung bezeichnet wird. Es wird geschätzt, dass in zirka zehn Jahren global rund ein Viertel des jeweiligen Bruttoinlandsprodukts aus digitalisierten Produkten und Dienstleistungen stammt. Zudem sind – vor allem durch den steigenden Einsatz von IoT und IoT-basierten Technologien – viele Unternehmen gezwungen ihr Geschäftsmodell anzupassen oder komplett neu zu erfinden. Die Digitalisierung und im speziellen das IIoT haben großen Einfluss auf die gesamte Wertschöpfungskette (Value Constellation), sowie auch auf das Werteversprechen (Value Proposition) gegenüber dem Kunden der Kundin. Welche Geschäftsmodellinnovationen durch das IIoT entstehen können, wird in den folgenden Kapiteln beschrieben.

2.1 Hybride Geschäftsmodellinnovationen für Produkte und Services

Durch die steigende Vernetzung überlagern sich immer mehr, früher klar voneinander getrennte Technologiefelder und beeinflussen sich gegenseitig. Dadurch entstehen branchenübergreifende Geschäftsmodelle und immer mehr Unternehmen entfernen sich von klassischen Produktionsunternehmen, hin zu Serviceanbietern. Im Fall von hybriden Geschäftsmodellen wird der Nutzen meist aus der Vernetzung von Produkten und Serviceleistungen generiert. Das bedeutet jedoch nicht nur, dass sich Produktions- zu Dienstleistungsunternehmen wandeln. Es ist ebenso gut möglich, dass Dienstleistungsunternehmen bewusst ihr Serviceangebot um physische Produkte erweitern, um damit eine Nutzenoptimierung zu erzielen (Bienzeisler & Ganz, 2010).

Grundsätzlich gibt es diese Entwicklung seit den 1960er Jahren (VBW, 2015). Hier begannen Unternehmen Dienstleistungen als zusätzlichen Service für ihre Produkte anzubieten. Jedoch haben sich die Art der Serviceleistungen und der Umfang durch digitale Vernetzungsmöglichkeiten und neue Technologien grundlegend verändert. Früher wurden Produkte und Serviceleistungen als eigenständige, voneinander getrennte Wertschöpfungsmöglichkeiten betrachtet. Im Laufe der Zeit wurden Produkte mit Dienstleistungen verknüpft, um den Kunden/ Kundinnen höheren Nutzen zu bieten. Mittlerweile wird der Kunde/ die Kundin in den Wertschöpfungsprozess miteingebunden und die Grenzen zwischen Produkt und Service werden immer weniger trennscharf (siehe Abbildung 3).

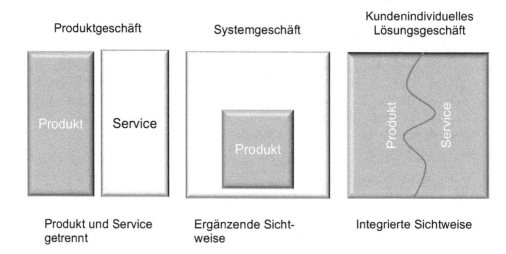

Abbildung 3: Transformation hybrider Geschäftsmodelle (eigene Darstellung, basierend auf Spath, Demuß, 2003)

Treiber für die Hybridisierung von Geschäftsmodellen sind dabei einerseits technologische Entwicklungen wie die Digitalisierung, andererseits die sich verändernden Bedürfnisse und Erwartungen von Kunden und Nutzern. Durch die Sammlung und Auswertung von Daten können Kundenangebote individuell abgestimmt werden. Somit profitieren Kunden/ Kundinnen von einem hohen Mehrwert, im Vergleich zu einzelnen Leistungen.

Durch die Veränderung der Kundenansprüche und die Möglichkeit der Erfüllung dieser, verändert sich die klassische Wertschöpfungskette eines Geschäftsmodells enorm. Durch den intensiviert möglichen Kundenfokus entstehen oftmals weitere Innovationsimpulse und durch den intensiven Austausch werden hybride Unternehmen als innovativer, kundenorientierter und kooperationsbereiter – vor allem im Bereich Forschung und Entwicklung – eingestuft (VBW, 2015).

Zudem sind, basierend auf der Beschäftigten- und Gewinnentwicklung, Unternehmen mit hybriden Geschäftsmodellen in den letzten Jahren wesentlich erfolgreicher, als Unternehmen mit einem konventionellen Geschäftsmodell. Der gesteigerte Unternehmenserfolg begründet sich auf neuen Möglichkeiten der Kundenbindung, höheren Effizienzgewinnen, Differenzierungsmöglichkeiten und Kooperationsvorteilen. Wesentliche Veränderungen des hybriden Geschäftsmodells im Vergleich zu konventionellen Geschäftsmodellen liegen in der ganzheitlichen Integration der Wertschöpfungsketten, der gesteigerten Kundenintegration und der Integration von Systemlösungen (VBW, 2015; Bielefeldt et al., 2016).

Grundsätzlich kann man lt. Bruhn et al. (2015), zwischen vier Formen hybrider Geschäftsmodelle unterscheiden.

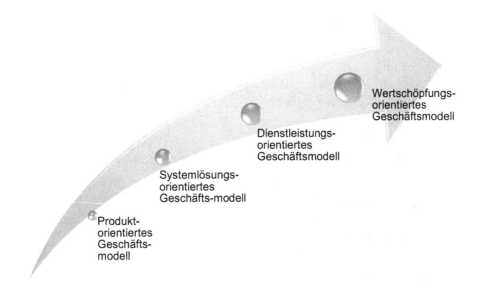

Abbildung 4: Vier Formen hybrider Geschäftsmodelle (eigene Darstellung, basierend auf Bruhn et al., 2015)

- **Produktorientiertes Geschäftsmodell**

Das Produkt bzw. die Produktion stehen im Fokus des Geschäftsmodells. Das Ertragsmodell besteht aus dem klassischen Verkauf von Produkten an Kunden/ Kundinnen. Je nach Entwicklungsgrad bezüglich der Hybridisierung des Geschäftsmodells, werden produktbegleitende Services in geringem Ausmaß hinzugefügt. Der Innovationgrad hierbei wird als inkrementell angesehen.

Ein unternehmensspezifisches Beispiel hierfür ist die Firma M. Kaindl KG, ein großes Unternehmen in den Bereichen Holzwerkstoffe, Laminat- und Holzfußböden. Kaindl bietet seinen Kunden/ Kundinnen auf seiner Homepage eine digitale, produktspezifische Anleitung zur Montage der Bodenplatten. Diese angebotene Serviceleistung kann für den Kunden/ die Kundin einen Mehrwert bieten.

- **Systemorientiertes Geschäftsmodell**

Im Fokus eines systemorientierten Geschäftsmodells ist das Angebot von produktbezogenen Serviceleistungen. Der Unterschied zu produktorientierten Geschäftsmodellen liegt einerseits darin, dass dem Kunden/ der Kundin Angebote mit einer Leistungsgarantie zur Verfügung gestellt werden und anderseits, dass anstelle des Produkts eine komplette Produkt-Servicekombination angeboten wird.

Die Firma Mayer und Co Beschläge GmbH (MACO) bietet seinen Kunden/ Kundinnen zusätzlich zu den verkauften Produkten ein Online

Kundenportal, welches kundenspezifische und technische Informationen und Dokumente zu den gekauften Produkten enthält. Der passwortgeschützte Bereich steht ausschließlich Kundinnen und Kunden zur Verfügung und ist mit einer Online Bestellplattform verknüpft, welche detaillierte Informationen zu allen Produkten enthält, sowie kundenspezifische Informationen zu Aufträgen, Rechnungen und Lieferscheinen.

- **Dienstleistungsorientiertes Geschäftsmodell**

Ein dienstleistungsorientiertes Geschäftsmodell hingegen stellt die angebotene Dienstleistung selbst in den Fokus des Geschäftsmodells. In Abhängigkeit des Entwicklungsgrads, wird zum Teil der Kunde/ die Kundin mit in die Wertschöpfungskette einbezogen. Diese Art von Geschäftsmodellen zeichnet sich durch Immaterialität und einen hohen Grad an Individualisierung aus. Dadurch ergeben sich für Unternehmen – abhängig von den ursprünglich angebotenen Produkten – neue Geschäftsfelder, womit die unternehmerische Wertschöpfung und der Kundenwert enorm gesteigert werden können.

Ein in diesem Kontext zu nennendes Unternehmen ist die Firma Zumtobel, welche sich mit der Entwicklung, der Herstellung und dem Vertrieb von Lichttechnik befasst. Ursprünglich war der Fokus des Geschäftsmodells von Zumtobel im Bereich der Produktion und des Vertriebs von Leuchten und Lichtsystemen angesiedelt. Zumtobel implementierte ein neues Geschäftsmodell, welches sich auf Licht als Dienstleistung fokussiert. Der Kunde/ die Kundin kauft, anstelle von Beleuchtungssystemen, Licht als Service, bei dem das Unternehmen dem Nutzer/ der Nutzerin ein optimiertes Beleuchtungsniveau, effiziente Lichtlösungen und dauerhafte Funktionalität garantiert (Zumtobelgroup, 2015). Die Innovation des Geschäftsmodells und der sich dadurch verändernde Vertriebsansatz basiert auf professionellem Projektmanagement und flexiblen Serviceverträgen. Der größte Vorteil für den Kunden/ die Kundin liegt darin, dass keine Anfangsinvestitionen getätigt werden müssen und dass die ständige Wartung und Instandhaltung während der Vertragsdauer garantiert ist. Zudem wirbt das Unternehmen mit der Senkung der Betriebskosten, da fortschrittliche Lichtlösungen mit effizienten LED Leuchten verwendet werden. Zumtobel selbst bietet das Konzept die Vorteile, direkten Zugang zu seinen Kunden zu haben und seinen Kunden individuell angepasste Lösungen anzubieten und damit langfristige Kundenbeziehungen etablieren zu können.

- **Wertschöpfungsorientiertes Geschäftsmodell**

Ein wertschöpfungsorientiertes Geschäftsmodell zielt auf die

22

Vermarktung ganzheitlicher Betreibermodelle ab, welche alle oben angeführten Geschäftsmodelle integrieren. Ein sich grundlegend veränderndes Element des Geschäftsmodells ist die Kundenbeziehung des Unternehmens. Der Kunde/ die Kundin ist ein essentieller Bestandteil der Wertschöpfungskette.

Die Firma Hagleitner Hygiene International GmbH lässt sich mit dem Hagleitner senseManagement System in die Kategorie eines wertschöpfungsorientierten Geschäftsmodells einordnen. Hagleitner's radikale Geschäftsmodellinnovation verändert neben dem gesamten Wertschöpfungsprozess die Kundenbeziehungen und auch das Ertragsmodell. So wird die Bereitstellung von Sanitärausstattung nach Nutzungsgrad abgerechnet. Der Kunde/ die Kundin wird automatisch mittels Sensoren über leere oder leer werdende Behälter (z.B. für Seife oder Hygienepapier) informiert und kann diese effizient nachfüllen. Ein neues System unterstützt außerdem die Verbesserung und Analyse der Compliance der Händedesinfektion in Krankenhäusern und sonstigen Gesundheitseinrichtungen.

Den komplexesten Transformationsprozess bewirken wertschöpfungsorientierte Geschäftsmodelle. Sie können aufgrund der grundlegenden Veränderung mehrerer Elemente des Geschäftsmodells als radikale Innovation bezeichnet werden (Bruhn et al., 2015; Bielefeldt et al., 2016).
Um hybride Geschäftsmodelle erfolgreich zu entwickeln, bedarf es einer auf höchster Leitungsebene angesiedelten strategischen Agenda sowie einer Investitionsbereitschaft und der konsequenten Verfolgung der Transformation hin zum Lösungsanbieter.
Wie sich hybride Geschäftsmodelle in Zukunft entwickeln, ist mitunter abhängig vom Voranschreiten der Digitalisierung und der Möglichkeit der erfolgreichen Verarbeitung und Nutzung von großen Datenmengen. Hierbei spielt das Thema Big Data eine große Rolle. Der Einfluss von Big Data, bzw. im größeren Kontext von IoT wird untenstehend im Kapitel 3 genauer beschrieben.

2.2 Digitale Geschäftsmodellinnovationen

Die zunehmende Digitalisierung stellt ein großes Potenzial für Unternehmen dar. Aufgrund der sich verändernden Gegebenheiten entstehen neue Geschäftsfelder. Unternehmer müssen darauf reagieren und mitunter auch ihre Geschäftsmodelle anpassen und digitalisieren. Um einen Wettbewerbsvorteil daraus zu erzielen, müssen Firmen jedoch schnell handeln. Der aktuelle Trend der Digitalisierung stellt eine große Chance für Unternehmen aller

Industriezweige dar, obwohl sie oftmals als Bedrohung angesehen wird. Jedoch ist die Entwicklung einer Digitalisierungsstrategie und die Implementierung digitaler Geschäftsmodelle für Unternehmen notwendig, um in Zukunft erfolgreich sein zu können. Obwohl digitale Geschäftsmodelle für alle Branchen relevant sind, entwickelt sich die Transformation zu einem digitalen Geschäftsmodell unterschiedlich schnell. Zurzeit findet man den Großteil aller digitalen Geschäftsmodelle in Medien-, Handels-, Verlags- Finanzdienstleistungs- und Logistikunternehmen (Veit et al., 2014; Jaekel, 2016).

Laut Veit et al. (2014) ist ein Geschäftsmodell als digital einzustufen, wenn „Veränderungen digitaler Technologien mit fundamentalen Auswirkungen auf die Durchführung des Geschäftsbetriebs sowie auf die generierten Einnahmen eines Unternehmens einhergehen" (Veit et al., 2014, S.59).

Hoffmeister (2015) identifiziert die folgenden sechs Kernelemente eines digitalen Geschäftsmodells:

- Transaktion,
- Anbietendes System,
- Nachfragendes System,
- Digitale Leistung,
- Damit verbundene Gegenleistung und
- Wiederholbarkeit der Transaktionen.

Somit kann zusammengefasst werden, dass ein digitales Geschäftsmodell eine Transaktion beinhaltet, welche durch digitale Technologien umgesetzt wird. Die Transaktion bezeichnet den Austausch von Leistungen und Gegenleistungen zwischen anbietenden und nachfragenden Systemen. Transaktionen werden nach genauen Regeln über technische Schnittstellen hinweg ausgeführt. Zudem zählt das Kriterium der Wiederholbarkeit zu den Kernelementen digitaler Geschäftsmodelle. Das bedeutet, dass ausreichend Leistungen und genügend Nachfrage gegeben sein müssen und dass der Prozess des Austausches wiederholbar sein muss und niemals zufällig oder einmalig stattfindet. (Hoffmeister, 2015).

Zusätzlich zu den hier angeführten Grundbausteinen digitaler Geschäftsmodelle gibt es vor allem in der digitalen Welt einige Besonderheiten, welche sich auf das Management digitaler Modelle auswirken (Hoffmeister, 2015).

Im Unterschied zu konventionellen Geschäftsmodellen findet der Austausch bei digitalen Geschäftsmodellen ausschließlich zwischen digitalen Systemen und nicht zwischen Menschen statt, somit wird eine ausreichende digitale Ausstattung auf beiden Seiten vorausgesetzt. Digitalen Geschäftsmodellen ist es möglich, völlig ohne menschliches Zutun zu agieren. Ebenso sind die ausgetauschten und angebotenen Leistungen meist virtuell und digital – aber nicht immer. Einerseits besteht die Möglichkeit ausschließlich digitale Leistungen anzubieten, wie es beispielsweise bei Online-Gaming Unternehmen

ist, oder digitale Geschäftsmodelle werden mit Geschäftsmodellen, welche haptische Leistungen anbieten, gekoppelt, wie etwa E-Commerce Plattformen wie Zalando, oder Vermittlungsgeschäfte wie bei booking.com. In einem digitalen Geschäftsmodell ist es von besonderer Wichtigkeit, dass alle Abläufe formal und exakt beschreibbar sind um die benötigten Software-Algorithmen aufsetzen zu können (Hoffmann, 2015).
Strauß (2013) unterscheidet in seinem Werk zwischen fünf Typen von digitalen Geschäftsmodellen:

- **Content:**

  Dieses Geschäftsmodell befasst sich hauptsächlich mit der Sammlung, Auswahl, Systematisierung, Kompilierung und Bereitstellung von auf Konsumenten abgestimmten und individualisierten Inhalten auf einer eigenen Plattform. Die Angebote dieses Geschäftsmodells fokussieren sich meist auf den Bereich Information, Entertainment, Infotainment oder Bildung. Das Ertragsmodell stützt sich entweder auf indirekte Einnahmen (etwa durch Werbung), direkte Bezahlung (wie etwa Abonnements oder Pay-per-View), oder auf eine Kombination aus beidem.
  Beispiele hierfür sind im Bereich E-Information Hoppenstedt/ Bisnode für Wirtschafts-Informationen oder Gala.de für Society-Informationen. Die digitalen Inhalte der New York Times stehen den Nutzern/ Nutzerinnen seit 2011 nur kostenpflichtig zur Verfügung. Die New York Times ist eine der wenigen Zeitungen, bei denen die digitale Version der Zeitung nennenswerte Erlöse generiert.

- **Commerce:**

  Das Geschäftsmodell Commerce bezieht sich auf alle Phasen eines Kaufabschlusses. Beginnend mit der Anbahnung, über die Aushandlung bis hin zur Abwicklung von Geschäftstransaktionen. Der Fokus dieses Modells liegt einerseits auf der Ergänzung traditioneller Phasen eines Kaufprozesses mittels digitalen Diensten oder andererseits auf der digitalen Substitution von klassischen Kaufprozessen. Dieses Geschäftsmodell lässt sich anhand fünf unterschiedlicher Ausprägungen weiter unterteilen, welche als E-Attraction (Anbahnung von Transaktionen, beispielsweise Vermarktung von Werbeflächen), E-Bargaining/ Negotiation (Aushandlung von Geschäftsbedingungen, beispielsweise eBay oder check24.de), Service Broker (Unterstützung von Geschäftstransaktionen durch Bereitstellung von Informationen und Marktplätzen, beispielsweise Manufacturing.net), E-Transaction (Unterstützung bei der Abwicklung von Geschäftstransaktionen wie etwa der Zahlungsabwicklung, beispielweise PayPal) und E-Tailing (als Querschnittsmaterie über andere Geschäftsmodelle übernimmt E-

Tailing Funktionen des klassischen Einzelhandels, wie etwa Warenpräsentation oder Transaktionsabwicklung).

Der essentielle Erfolgsfaktor liegt bei der Orientierung der Nutzer/ Nutzerinnen an Meinungen und Erfahrungen anderer Nutzer/ Nutzerinnen. Nächste Evolutionsstufe dieses Geschäftsmodells ist die Möglichkeit der schnellen Lieferung physischer Elemente, beispielsweise Amazon mit dem Angebot von Same-Day-Delivery.

- **Context:**

  Dieses Geschäftsmodell befasst sich mit der Klassifizierung und Systematisierung von im Internet verfügbaren Informationen. Hierbei werden keine neuen Informationen zur Verfügung gestellt, sondern bereits existierende Informationen werden aufbereitet, in ihrer Komplexität reduziert oder kontextspezifisch aggregiert.

  Beispiele hierfür sind Suchmaschinen, Webkataloge oder Bookmarking-Dienste. Als typische Erlösquellen für dieses Modell werden Keyword Advertising oder Placements genannt. Keyword Advertising liefert bei Suchanfragen kontextspezifische Werbeeinblendungen. Das Erlösmodell ist meist ein Pay-per-Click System. Placement hingegen bezieht sich auf die Einbindung von Links und Angeboten werbender Unternehmen in das Angebot eines Webkatalogs. Der Erlös generiert sich auf der Basis eines Pay-for-Inclusion Modells.

- **Connection:**

  Das Geschäftsmodell Connection fokussiert auf den Austausch von Informationen in Netzwerken. Der Informationsaustausch kann entweder technisch, wie im Fall eines Internet Service Providers (ISP) sein, oder kommerziell, wie bei SAP Community Network Angeboten, sowie kommunikativ, wie beispielsweise bei Skype.

  Dieses Geschäftsmodell beinhaltet Communities, Mailing Services und Inter-Connection Angebote. Communities bieten eine Plattform für den Austausch von Informationen, Daten, Meinungen und sonstigen Dateien. Die bekanntesten Beispiele hierfür sind Facebook, Skype, aber auch Meinungsportale wie Ciao.de. Mailing Services fokussieren sich ähnlich wie Communities auf den Austausch von Informationen mit anderen Nutzern/ Nutzerinnen. Die Standardkommunikationsform hierbei sind E-Mails. Inter-Connection stellt den Zugang zu physischen Netzwerken bereit, etwa in Form des Internet Service Providers mittels Fixed oder Mobile Connection. Angebote werden mittlerweile aus Leistungsbündel, wie etwa aus Telefon-, Internet- und TV-Angeboten (Triple-Play) erstellt und zum Teil noch durch Mobilfunkangebote (Quadruple Play) ergänzt. Somit verschwimmen die Grenzen zwischen Zugangsformen. Dadurch bedingt verändert sich auch die

Produktwahrnehmung des Nutzers/ der Nutzerin.

- **Coordination:**

  Diese Form von Geschäftsmodellen befasst sich im einfachsten Fall mit der Terminkoordination zwischen Nutzern und Nutzerinnen sowie mit der Unterstützung kooperativen Arbeitens in Teams und mit der Unterstützung von Unternehmen bei deren Zusammenarbeit.

  Die im Folgenden aufgezählten Elemente dieses Geschäftsmodells sind oftmals auch Teil anderer Geschäftsmodelle. Sie umfassen Scheduling, Teamwork und Supportive Collaboration. Ein Beispiel für Scheduling ist die Online-Plattform Doodle, welche die effiziente Terminabstimmung zwischen Nutzern/ Nutzerinnen koordiniert. Teamspace.de ist ein repräsentatives Beispiel für Teamwork. Hierbei geht es vor allem um unterschiedliche Arten der webbasierten Computerunterstützung gemeinschaftlichen Arbeitens. Supportive Collaboration behandelt im B2B Bereich Themen wie Collaborative R&D, Collaborative Production und Collaborative Sale. Ein Beispiel hierfür ist ghx.com, ein Unternehmen im Bereich des Gesundheitswesens, welches mit Hilfe digitaler Tools den Wertschöpfungsprozess von Unternehmen effizienter gestaltet und die Zusammenarbeit erleichtert.

Durch Herausforderungen bei der Entwicklung oder Implementierung digitaler Geschäftsmodelle ergeben sich für Unternehmen neue Gegebenheiten. Einerseits können sich vermeintliche Kleinigkeiten, wie etwa die Suche nach Musiktiteln anhand der Melodie, zu eigenständigen digitalen Geschäftsmodellen entwickeln. Dadurch müssen klassische Managementmethoden neu bedacht werden. Andererseits müssen Technologien vom Top-Management verstanden werden und nicht wie bisher teilweise einfach auf die IT Abteilungen übertragen werden. Zudem ist es im Zusammenhang mit digitalen Geschäftsmodellen wichtig, visionär zu planen. Disruptive digitale Geschäftsmodelle soll man jedoch nicht in einem großen Schritt umsetzen, sondern klein beginnen Ideen zu entwickeln und diese dann, gemäß dem Konzept „Think big and start small", weiterentwickeln. Eine weitere Herausforderung für etablierte Unternehmen ist, sich Fehler einzugestehen und nicht zu versuchen diese im Vorhinein gänzlich zu vermeiden. Eine grundsätzliche Idee durchläuft mehrere Iterationsrunden bis daraus ein marktfähiges, erfolgreiches digitales Geschäftsmodell wird. Viele der ursprünglichen Ideen müssen am Weg dahin wieder verworfen werden. Eine gewisse Fehlerkultur ist daher ein erforderlicher und wichtiger Bestandteil digitaler Geschäftsmodelle (Hoffmeister, 2015; Jaekel, 2016).

Vorteile digitaler Geschäftsmodelle gegenüber nicht digitalen Geschäftsmodellen liegen einerseits in beschleunigten Prozessen und der verbesserten Datenqualität. Andererseits – aus Unternehmenssicht – im verringerten Personalaufwand und in der Entwicklung neuer Produkte oder Services, neuer Märkte und den damit verbundenen höheren Umsätzen. Zudem gelten digitale Geschäftsmodelle als offensiver und agiler (Jahn & Pfeiffer 2014; IW Köln, 2012).

Basierend auf IoT Technologien ist es erstmals möglich digitale Geschäftsmodelle in nicht digitalen Branchen einzusetzen. Bis dato konnte vor allem die produzierende Industrie das Internet zur Unterstützung der Prozessoptimierung einsetzen. Erst durch das Internet der Dinge werden Prozesse neu gestaltet und digitale und nicht-digitale Geschäftsmodelle ergänzen sich gegenseitig oder verschmelzen miteinander. Ein Beispiel hierfür ist ein simpler Bestellprozess. Durch die Einführung des Internet und den damit verbundenen Online-Shops wurde eine Bestellung um ein Vielfaches vereinfacht. Durch die Nutzung des Industrial Internet of Things und das Aufkommen IoT basierter Technologien können Bestellvorgänge komplett automatisiert gestaltet werden. Beispielsweise erkennen Maschinen bereits automatisch, wann gewisse Ersatzteile benötigt werden, und geben die Bestellung selbst auf. Ebenso gestaltet sich der gesamte Kaufprozess automatisiert und digital, beginnend bei der Bestellung über den Logistikprozess der Auslieferung bis hin zur Erstellung der Rechnung – und mitunter sogar Bezahlung nach automatisierter Rechnungsprüfung.

2.3 Datenzentrierte Geschäftsmodellinnovationen

Durch die Digitalisierung werden Daten für Unternehmen immer mehr zum Erfolgsfaktor. Daten werden zur Ware und dienen als Wirtschaftsgut für Unternehmen und beeinflussen somit den Wert des Unternehmens erheblich (Österle & Otto, 2014). Wenn Daten in den Fokus eines Unternehmens treten und als neue Möglichkeit der Wertschöpfung dienen, werden ändere Geschäftsmodelle erforderlich (Otto & Aier, 2013). Die Entwicklung datenzentrierter Geschäftsmodelle basiert entweder auf der Verbesserung bestehender Geschäftsmodelle, oder deren Veränderung, sowie einer kompletten Neudefinition von Geschäftsmodellen (Kaufmann, 2015).

Datenzentrierte Geschäftsmodelle fokussieren sich auf Daten unterschiedlicher Art, welche in den verschiedensten Bereichen eines Unternehmens auftreten können. Daten können einerseits die „Ware" im Wertschöpfungsprozess sein, können aber auch den Wertschöpfungsprozess oder die Kundenbeziehungen verändern. Hasler (2014) erläutert in seiner Arbeit neun Dimensionen von Datenkomponenten in Geschäftsmodellen. Datenübertragung und Datensicherheit sind zwei übergeordnete Dimensionen, welche sich über alle Komponenten erstrecken.

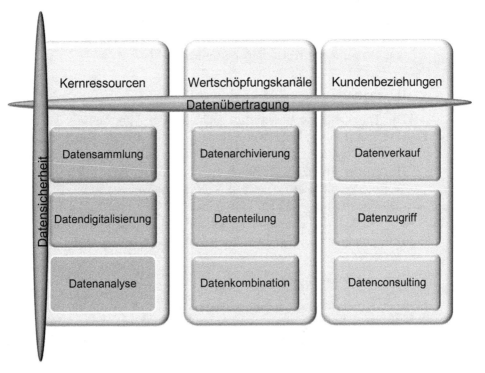

Abbildung 5: Dimensionen der Datensammlung in datenzentrierten Geschäftsmodellen (eigene
Darstellung, basierend auf Hasler, 2014)

- **Datensammlung:**

  Beschäftigt sich mit der konventionellen Sammlung und Erhebung von
  Daten. Jedoch bedeuten mehr Daten nicht gleichzeitig mehr
  Information. Um das Wertschöpfungspotential zu maximieren ist die
  Vermeidung einer Datenüberflutung wichtig. Die Sammlung von Daten
  kann entweder im Fokus eines Geschäftsmodells stehen, oder sie können
  nur „nebenbei" gesammelt werden – sozusagen als Nebenprodukt – und
  dennoch gewinnbringend vermarktet werden. Als Beispiel dient Rolls
  Royce mit seinem Engine Health Management. Mittels integrierten
  Sensoren sammelt das Unternehmen Daten von tausenden Maschinen
  weltweit. Diese ermöglichen individuelle Wartungs- und
  Reparaturleistungen sowie Problem- bzw. Ausfallsprävention.

- **Datendigitalisierung:**

  Hierbei geht es um die Digitalisierung bereits vorhandener Daten, um
  diese einfacher verfügbar zu machen. Digitale Daten sind im Vergleich
  zu klassischen Daten leichter bearbeitbar und teilbar, was sich
  wiederrum positiv auf die Transaktionskosten auswirkt. Ein Beispiel

29

hierfür ist die Erstellung von klassischen Designskizzen, welche nun mittels einer Software digital am Computer generiert werden, oder Krankendaten im Gesundheitswesen. Werden diese digital erfasst, können sie besser und schneller zwischen Ärzten herumgereicht werden und ermöglichen Kosteneinsparungen.

- **Datenanalyse:**

  Die Datenanalyse beschäftigt sich mit der Verarbeitung vorhandener Daten, um zusätzliche Werte daraus zu generieren. Durch die Analyse bereits vergangener Daten können Erkenntnisse gewonnen werden. Mit Hilfe von Echtzeitdatenanalyse können mittels Filtermechanismus Werte geschaffen werden. Beispielsweise im Falle eines Geldtransporters, welcher vom geplanten Weg abkommt, kann durch die Echtzeitanalyse der Daten eingegriffen werden. Zudem dient die Datenanalyse auch der Erstellung von Zukunftsprognosen.

- **Datenarchivierung:**

  Datenarchivierung stellt ein sehr traditionales Konzept dar, welches sich mit der Schaffung eines „Lagerplatzes" für die Daten auseinandersetzt. In der Welt der digitalen Technologien kann zwischen Inhouse- und Cloud-Speicherung gewählt werden. Ein Unternehmen dessen Geschäftsmodell sich zentral mit Datenarchivierung auseinandersetzt ist beispielsweise Dropbox.

- **Datenteilung:**

  Informationen sind grundsätzlich unbegrenzt teilbar und entwickeln erst dann einen Wert, wenn jemand Interesse an deren Nutzung hat. Datenteilung spielt vor allem im Wertschöpfungsprozess eine wichtige Rolle, wenn der Kunde/ die Kundin in den Prozess mit eingebunden wird und beispielsweise Livebewertungen abgeben soll.

- **Datenkombination:**

  Behandelt die sinnvolle Verarbeitung und Kombination aus Daten unterschiedlicher Quellen und Datensätze. Ein Beispiel hierfür ist Google Maps, welches mit der Kombination aus Kartendaten und Informationen bezüglich Restaurants, Shops, etc., Nutzen generiert.

- **Datenverkauf:**

  Hierbei handelt es sich um einen klassischen transaktionellen Verkauf, welcher Daten als Rohstoff sieht und nicht unbedingt auf langfristige Kundenbeziehungen abzielt. Beispielsweise verkauft Vodafone

Handypositionsdaten seiner Nutzer/ Nutzerinnen an den Navigationsanbieter bzw. -Hersteller TomTom.

- **Datenzugriff:**

  Der Wert der Daten generiert sich aus der Zugriffsmöglichkeit beispielsweise auf Webseiten oder Plattformen. Der Erlös wird entweder durch Abonnements oder Einmalzahlungen erzielt. Ein Beispiel hierfür sind Fachzeitschriften oder Publikationen, die dem Nutzer/ der Nutzerin nur nach Zahlung zur Verfügung stehen.

- **Datenconsulting:**

  Oftmals sammeln Unternehmen eine Vielzahl von Daten ohne deren Wert zu kennen. Datenconsultants bieten individuelle Beratungsdienstleistungen im Zusammenhang mit in einem Unternehmen vorhandenen Daten, um daraus in Abstimmung mit den Firmen neue Geschäftsmodelle zu entwickeln.

Basierend auf den hier angeführten Datenkomponenten ergeben sich unterschiedliche Basismodelle für neue datenzentrierte Geschäftsmodelle. Die ersten drei angeführten Modelle fokussieren auf die Wertschöpfungskette selbst, wohingegen die anderen Modelle eher auf die Kundenbeziehung abzielen. Die hier angeführten Basismodelle beziehen sich zum Großteil auf die von der Boston Consulting Group durchgeführten Studie (Platt et al., 2014). Jedoch wurden die Basismodelle und die angeführten Beispiele zweckgemäß an die vorliegende Studie angepasst, wie folgt:

- **Build to Order:**

  Produkte und Services werden auf Kundenwünsche individuell angepasst und erst bei Bestellung produziert. Der Vorteil sind hoch individualisierte Produkte. Diese sind jedoch nur für *einen* Nutzer/ *eine* Nutzerin anwendbar und mitunter gibt es eine längere Lieferzeit. Beispiel: Location-Daten verschiedener GPS-Produkte werden zu einer individualisierten Verkehrsanalyse zusammengefasst.

- **Service Bundle:**

  Unterschiedliche Angebote, Produkte und Serviceleistungen können miteinander verschmolzen werden. Der Kunde/ die Kundin bezahlt für ein gesamtes Servicebündel. Beispiel: Energiehändler bündeln die Energiesparberatung mit der Strom- und Gasversorgung.

- **Simplifizierung:**

Die Boston Consulting Group spricht hier von „Plug and Play", was jedoch irreführend sein kann. Jeder Kunde/ jede Kundin erhält immer das gleiche Produkt oder die gleiche Serviceleistung, ohne weiteren Aufwand. Beispiel: Banken können Berichte über das Ausgabeverhalten ihrer Kunden verkaufen, welche auf Basis gesammelter und anonymisierter Daten erstellt werden.

- **Pay per Use:**

  Der Kunde/ die Kundin bezahlt ausschließlich für das, was er auch nutzt. Daten über den Verbrauch des Kunden werden genau aufgezeichnet und er bezahlt exakt die verbrauchte Menge. Beispiel: Im Softwarebereich kann eine aktuelle Software, ohne Installations-Lizenz und ohne diese auf den Computer laden zu müssen, online bzw. in einer Cloud genutzt werden. Der Nutzer/ die Nutzerin hat keine Anschaffungskosten, keine Kapitalbindung und nutzt immer die aktuellste Version. Abgerechnet wird auf Basis der Nutzungsdauer, welche von einem zentralen Server aufgezeichnet wird. Ziel ist hierbei nicht zwingenderweise eine langfristige Kundenbeziehung.

- **Commission based Model:**

  Kommission ist ein sehr beliebtes Geschäftsmodell im Bereich des Onlinehandels. Für eine online durchgeführte Transaktion bezahlt der Käufer oder Verkäufer einen gewissen Betrag an das Unternehmen, das den Onlinehandel ermöglicht bzw. abwickelt. Vorteil für den Nutzer/ die Nutzerin an diesem Modell ist, dass Kosten nur dann anfallen, wenn ein Handel zustande kommt. Beispiele: eBay, PayPal oder Airbnb.

- **Intermediation** (lt. Boston Consulting Group Value Exchange):

  In diesem Modell geht es darum, dass ein Dritter als Vermittler zwischen dem Kunden und dem Unternehmen steht. Im Rahmen der Digitalisierung gibt es zwei Entwicklungsrichtungen: Einerseits gibt es weniger Intermediäre, da aufgrund neuer Technologien der direkte Austausch erleichtert wird – wir sprechen von Dis-Intermediation. Andererseits gibt es neue Plattformen und Unternehmen, die gezielt auf die Rolle des Intermediärs abzielen – wir sprechen von Re-Intermediation. Beispiel: Hotelbuchung über Onlineplattformen wie booking.com.

- **Subscription (Abonnement):**

  Der Kunde bezahlt regelmäßig einen Beitrag und erhält damit uneingeschränkten Zugang zu einem Produkt / Service für einen gewissen Zeitraum. Beispiel: Online-Abonnement für eine

Fachzeitschrift. Der Kunde bezahlt monatlich einen Beitrag und hat uneingeschränkt Zugang zu allen Artikeln. Zielt auf eine langfristige Kundenbeziehung ab.

2.4 Offene Geschäftsmodellinnovationen

Im Allgemeinen sind offene Geschäftsmodelle durch die Zusammenarbeit eines Unternehmens mit externen Partnern charakterisiert. Ziel ist es durch Kooperationen die Wertschöpfung zu erhöhen, um damit maximalen Nutzen zu generieren. Ein bekanntes Beispiel zu Elementen offener Geschäftsmodelle ist der Einbezug von Kunden in den Entwicklungsprozess eines Produktes oder Services. Mit offenen Geschäftsmodellen werden auch Open Source Software-Systeme und Open Data Ansätze in Zusammenhang gebracht. Open Source Software Modelle stellen im Bereich der Geschäftsmodellinnovation zwar grundsätzlich ein wichtiges Thema dar, da sich neue Geschäftsmodelle basierend auf Open Source Software entwickeln können (Vgl. Leiteritz, 2004). Jedoch werden diese in der vorliegenden Arbeit nicht behandelt, da es sich hierbei um keine grundlegend neuen Erkenntnisse handelt und da das Grundgerüst dieser durch das Aufkommen von IoT nur bedingt verändert wird.

Ein weiteres wichtiges Thema im Kontext von Open Data sind die zurzeit viel diskutierten Open Government Data. „Open Government Data ist das Synonym für offene Verwaltungsdaten, also jene Datenbestände des öffentlichen Sektors, die von Staat und Verwaltung im Interesse der Allgemeinheit ohne jede Einschränkung zur freien Nutzung, zur Weiterverbreitung und zur freien Weiterverwendung zugänglich gemacht werden" (Land Salzburg, 2016). Dieses Thema stellt eine neue Herausforderung auf Unternehmensseite dar, bietet aber gleichzeitig neue Möglichkeiten für Unternehmen. Im Rahmen dieser Arbeit ist es nicht möglich Open Government Data und die Auswirkungen dieser auf Geschäftsmodelle im Detail zu betrachten. In den Vordergrund der Arbeit treten vielmehr Geschäftsmodelle, welche auf Open Data basieren und auf die Nutzung öffentlich zugänglicher Daten fokussieren.

Die voranschreitende Digitalisierung ermöglicht eine schnellere und leichtere Sammlung von umfangreichen Daten. Die daraus resultierenden riesigen Datenmengen (Big Data) stellen für Unternehmen oftmals eine Herausforderung für die Analyse dar. In unzähligen Fällen besteht der Unternehmensalltag vielmehr aus der Speicherung und Aufbewahrung von Daten, anstelle der Auswertung dieser. Durch die sinnvolle Verwendung von Big Data können sich jedoch neue Geschäftsmodelle ergeben, wie bereits in Kapitel 2.2 beschrieben wurde. Doch auch der Umgang mit Open Data stellt eine ähnlich große Herausforderung auf Unternehmensseite dar. Wichtig ist hierbei, dass Unternehmen nicht nur ein Verständnis für den Begriff Open Data aufbauen, sondern vielmehr, dass sie verstehen, welchen Nutzen sie aus Open

Data generieren können. Open Data charakterisieren sich grundsätzlich durch ihre Verfügbarkeit und ihren freien Zugang, sowie der Möglichkeit der Wiederverwendung und Weitergabe. Zudem muss jeder die Möglichkeit haben die Daten zu nutzen, zu verarbeiten und weiterzuleiten (Bonina, 2013). Mittlerweile gibt es eine Vielzahl an Unternehmen, oftmals Start Ups, die ihr Geschäftsmodell auf die Nutzung von Open Data aufgebaut haben. Die alleinige Bereitstellung der Daten generiert noch keine Erlöse. Die unten angeführten Modelle bieten einen Überblick über mögliche Geschäftsmodelle im Open Data Bereich. Welche Geschäftsmodelle sich am besten eignen den maximalen Nutzen aus Open Data zu generieren, ist auf Unternehmensseite ebenso wie in der Wissenschaft noch weitgehend unbekannt (Bonina, 2013).

- **Freemium:**

  Der Begriff Freemium setzt sich aus den Worten Free und Premium zusammen und impliziert somit bereits worum es sich handelt. Ein Produkt oder Service wird dem Nutzer/ der Nutzerin kostenlos zur Verfügung gestellt. Die freie Nutzung des Angebots wird im Verlauf der Geschäftsbeziehung durch eine kostenpflichtige, erweiterte Version abgelöst. Möchte der Kunde einen Zugriff über die Basisversion hinaus, muss er dafür bezahlen. Dieses Geschäftsmodell wird vor allem im Bereich von Smartphone Applikationen und Softwarelösungen verwendet.

  Im Kontext von Open Data impliziert dieses Geschäftsmodell, dass Daten in einer Basisversion zur Verfügung gestellt werden. Die kostenlosen Daten sind limitiert. Eine vollständige Version der Daten wird nur jenen Nutzern/ Nutzerinnen ermöglicht, welche bereit sind einen gewissen Betrag zu bezahlen (Zeleti et al., 2014). Der Vorteil, vor allem im Kontext von Daten von Freemium, im Vergleich zu klassischen Modellen ist, dass sich der Nutzer/ die Nutzerin erst ein Bild über die Daten, das Produkt bzw. Service machen kann, ohne dafür bezahlen zu müssen. Wenn er die Daten, das Produkt bzw. Service kennt und für wertvoll erachtet, ist er eher bereit dafür zu bezahlen.

  Beispiele für Freemium-Modelle sind zahlreiche Smartphone-Applikationen oder der Musikdienst Spotify und Adobe Acrobat Reader bzw. Distiller. Im Datenbereich kann als Beispiel Statista.de genannt werden. Statista ist ein Online Statistik Portal, welches seinen Nutzern/ Nutzerinnen Teile von Statistiken kostenlos zur Verfügung stellt. Möchte man jedoch die gesamten Daten, eine detaillierte Version, oder die Daten offline verfügbar haben, muss der Nutzer/ die Nutzerin auf eine kostenpflichtige Premiumversion umsteigen.

- **Cross Subsidy:**

  Dieses Geschäftsmodell basiert auf dem Konzept einer bestimmten

34

Gruppe an Nutzern/ Nutzerinnen einen höheren Betrag für ein Produkt oder Service oder Daten zu verrechnen, um einer anderen Gruppe einen geringeren Preis zu ermöglichen. Diese Strategie wird oftmals von Unternehmen verwendet, die ein Produkt um einen hohen Preis verkaufen, um ein anderes preisgünstiger, oder sogar kostenlos anbieten zu können.

Im Datenbereich könnte das Modell so verstanden werden, dass die Erlöse eines existierenden Datenservices verwendet werden, um neue Daten zu generieren, oder aber die Erträge existierender Nutzer/ Nutzerinnen zu verwenden, um neue Kunden mit (anfangs) kostenlosen Angeboten zu akquirieren (Bonina, 2013). Ein Beispiel für ein Cross Subsidy Modell im Datenbereich ist die kostenfreie Bereitstellung von Daten für den Nutzer/ die Nutzerin bzw. auf Daten basierte Informationen in Form eines Services. Das Unternehmen selbst kauft die Daten kostenpflichtig zu und verrechnet diese mittels eines Produkts an den Kunden.

Ein Beispiel aus der Praxis sind Versicherungen, welche Wetterdaten zukaufen, um den Kunden gratis Unwetterwarnungen als Service per SMS auf ihr Smartphone zu schicken. Das SMS Service ist für den Kunden kostenlos, er bezahlt nur die klassische Versicherungsprämie.

- **Network Effects:**

Dieses Modell strebt eine Kollaboration verschiedener Unternehmen an, um gemeinsam eine höhere Wertschöpfung zu erzielen und den Nutzen zu maximieren. Im Bereich von Open Data kann eine Zusammenarbeit verschiedener Partner und / oder Organisationen beispielsweise die Kosten für die Speicherung von Daten und deren Sicherung minimieren. Eine Kooperation mehrerer Unternehmen führt zudem auch zu einer größeren Datenbasis und einem erweiterten Kundenkreis. Durch die Kombination einzelner Daten kann auch ein komplett neuer Kundenkreis oder ein neues Produkt bzw. Service generiert werden (Bonina, 2013).

Ein Beispiel hierfür ist Google und die Nutzung von Open Transport Data in einem GTFS Format (General Transit Feed Specification), um Google Maps zu erweitern. Google bietet Nutzern/ Nutzerinnen die Möglichkeit, öffentliche Verkehrsmittel in die Routenplanung zu integrieren (Rubinstein & Villum, 2016).

Die drei angeführten Geschäftsmodelle für Open Data stellen einen Überblick über relevante mögliche Geschäftsmodelle dar und sind nicht als vollständig erschöpfend anzusehen. Es gibt Werke, welche bis zu 15 unterschiedliche Geschäftsmodelle für Open Data anführen (Vgl. Zeleti et al., 2014). Diese können teils den oben angeführten Geschäftsmodellen zugeordnet werden, oder sind nicht als charakteristisch für den Open Data Bereich im Zusammenhang mit dem IIoT einzustufen, weshalb sie an dieser Stelle nicht im Detail analysiert werden.

3 Herausforderungen und Chancen für Geschäftsmodelle im Industrial Internet of Things

Durch die Einführung des Industrial Internet of Things ergeben sich neue Möglichkeiten für Unternehmen. Die voranschreitende Digitalisierung hat die Geschäftswelt fundamental verändert. Dennoch herrscht noch immer eine strenge Trennung zwischen der physischen und digitalen Welt. Erst durch die Entwicklung des Industrial Internet of Things (IIoT) werden beide Welten zusammengeführt. Unternehmen müssen, um sich in der Welt des IIoT behaupten zu können, ihr Geschäftsmodell umstrukturieren, neue Chancen erkennen und neue Herausforderungen meistern. Welche Chancen und Herausforderungen sich ergeben wird im Folgenden zusammengefasst.

3.1 Herausforderungen für Geschäftsmodelle im Industrial Internet of Things

Grundsätzlich müssen sich Geschäftsmodelle in der digitalisierten Welt mit drei großen Trends auseinandersetzen (Fleisch et al., 2014).

(i) Integration von Usern und Kunden:

Durch die Digitalisierung wird die Einbindung der Kunden in die Wertschöpfungskette vereinfacht und Unternehmen können ihren Kunden Aufgaben übertragen.

(ii) Dienstleistungsorientierung:

Durch IT-basierte Services ist es Unternehmen möglich mit Kunden auch nach dem Verkauf des Produkts in Kontakt zu bleiben und Services über das Produkt hinaus anzubieten.

(iii) Kernkompetenz Analytics:

Die Sammlung und Analyse von Transaktions- und Verwendungsdaten ermöglicht Unternehmen die Verwendung dieser Daten für Produkt-, Preis- und Vertriebsgestaltung.

Von diesen Trends lassen sich die relevantesten Herausforderungen für Unternehmen und ihre Geschäftsmodelle ableiten. Die Integration von Usern und Kunden in die Wertschöpfungskette beeinflusst die Unternehmenskultur in Richtung einer offeneren Kultur (kein „closed Garden"). Die ausgeprägte

Dienstleistungsorientierung und das vermehrte Angebot von zusätzlichen Services beeinflussen nicht nur die Unternehmenskultur selbst, sondern schaffen völlig neue Unternehmensaktivitäten. Durch die Digitalisierung werden Services meist in digitaler Form angeboten und schaffen damit eine große Menge an Daten, welche Firmen vor die Herausforderung der Auswertung und verschiedener Sicherheitsaspekte stellen. Auf denselben Aspekt wirkt sich auch die neue Kernkompetenz Analytics aus. Gesammelte Daten müssen ausgewertet und aufbewahrt werden, denn nur dann können sie Nutzen generieren. Zudem können sich – wie bereits oben beschrieben – neue Geschäftsmodelle und neue Märkte durch den gezielten Einsatz von Daten ergeben.

3.1.1 Wandel der Unternehmenskultur

Um seine Produkte als Gegenstand in der neuen Welt des Internet der Dinge zu positionieren oder diese durch digitale Services zu erweitern, müssen sich Unternehmen neuen Fragen und Herausforderungen stellen. Durch neue IIoT basierte Technologien und die damit verbundene voranschreitende Digitalisierung wandeln sich produktionsspezifische Unternehmen immer mehr zu dienstleistungsorientierten Unternehmen. Wie bereits eingangs beschrieben, verschwimmt die Grenze zwischen Produkten und Services zunehmend und die Anzahl an hybriden Geschäftsmodellen wächst stetig.

Neue Modelle wirken sich enorm auf Prozesse und die Kultur innerhalb eines Unternehmens aus. Das Produktmanagement, die Produktions- und Absatzplanung sowie viele weitere Abteilungen müssen sich mit der Beantwortung von Fragen wie „Welche Leistungen bietet das Unternehmen an und welchen Umfang nimmt der Dienstleistungsanteil ein?" stellen. Einher geht auch die Frage über, welche zum Teil neuen, Kompetenzen ein Unternehmen verfügen muss um zusätzliche Serviceleistungen anbieten zu können. Im Bereich der Servicenutzung müssen sich Unternehmen der Herausforderung stellen, wie und wann der von ihnen angebotene Service genutzt werden kann (Molter et al., 2016).

Besonders wichtig ist, dass sich ein Unternehmen darüber im Klaren ist, welchen strategischen Nutzen es selbst daraus ziehen kann. Den optimalen Mix aus Produkt- und Servicekomponenten zu finden ist dabei die herausragende Aufgabe. Das schwierige für Unternehmen ist in diesem Kontext, dass sich Dienstleistungen grundsätzlich von Produkten unterscheiden, sei es in der Entwicklung, in der Lagerung (bzw. fehlenden Lagerbarkeit) oder im Vertrieb.

Für ein Unternehmen bedeutet der Wandel eines produktionsfokussierten Geschäftsmodells hin zu einem serviceorientierten Geschäftsmodell die strategischen und operativen Eigenschaften von Produkten und Dienstleistungen abzuwägen und diese in ein optimales Verhältnis zu bringen (Fleisch et al., 2014). Außerdem müssen Unternehmen eine hohe Prozessflexibilität aufweisen, da flexible und modulare Prozesse, welche sich durch eine hohe IT-Integration auszeichnen, in den Vordergrund treten (Reischauer & Schober, 2016).

Basierend auf der neuen Dynamik des Netzes werden Veränderungen und Innovationen immer schneller erfolgen müssen (Ferber, 2014). Auch die Anpassungszeit für Unternehmen wird immer kürzer. Will ein Unternehmen neue Technologien nutzen, muss es schnell neue Systeme und Schnittstellen integrieren (Reischauer & Schober, 2016).

Zudem spielt die Preisfindung eine essentielle Rolle. Wieviel ist der Kunde bereit für den neu generierten Mehrwert zu bezahlen, oder wie kann das Unternehmen aus dem zusätzlichen Nutzen Erlöse generieren? Oftmals ist ein grundlegend neues Erlösmodell, wie beispielsweise Freemium, oder Pay-per-Use geeignet.

Ebenso einen großen Einfluss auf das Geschäftsmodell eines Unternehmens hat die verstärkte Einbindungsmöglichkeit von Kunden und Geschäftspartnern. Viele Unternehmen werden mit der Herausforderung konfrontiert, dass der Kunde, aber auch der Geschäftspartner durch die Verwendung unterschiedlichster IIoT Technologien und Anwendungen nun nicht mehr nur Abnehmer des Produkts ist, sondern dass er im Geschäfts- und Wertschöpfungsprozess zum zentralen Element wird (Roth, 2016).

Dasselbe gilt, vor allem im Bereich der Fertigungsindustrie für die Integration der Lieferketten. Die Beziehung zwischen Unternehmen und Lieferanten werden sich durch die Digitalisierung der Supply Chain drastisch verändern. Die sinnvolle Integration unterschiedlicher Stakeholder in den Wertschöpfungsprozess stellt für Unternehmen eine neue Herausforderung dar, welche sich mitunter massiv auf das Geschäftsmodell auswirken kann.

Das Industrial Internet of Things wirkt sich innerhalb eines Unternehmens ebenso auf die Struktur einzelner Abteilungen aus, da IT und neue IIoT basierte Technologien nicht mehr alleinige Aufgabe der IT Abteilung sind. Die Integration von IIoT ist Aufgabe der obersten Führungsebene, jedoch ist die Beteiligung aller Fachabteilungen essentiell (Jaeckel, 2016). Durch die verstärkte Zusammenarbeit und das Verschmelzen der IT Abteilung mit anderen Fachabteilungen eines Unternehmens kommt es oftmals zum Aufeinandertreffen unterschiedlicher unternehmensinterner Kulturen.

Große Unterschiede sind vor allem im Bereich von Hardware- und Internetkulturen zu erkennen. Technisch-ökonomisch bedingte Unterschiede lassen Hardware- und Internetsoftwareabteilungen in Unternehmen oftmals zu vermeintlich inkompatiblen Unternehmenseinheiten werden. Ein Techniker vertritt immer das Anliegen der Entwicklung technisch bestmöglicher Produkte, ein Betriebswirt hingegen – beispielsweise aus der Produktionsplanung – fokussiert sich auf gewinnmaximale Produkte. Dieses Spannungsfeld führt zu Überlegungen wie technische und betriebswirtschaftliche Aufgaben am besten ineinandergreifend erledigt werden können (Grottke & Obermaier, 2016).

Durch die Aneignung von Wissen und den Aufbau von Verständnis für das jeweils andere Fachgebiet ist es möglich Hürden zu überwinden. Die Zusammenarbeit und Offenheit bei sogenannten Schlüsselmitarbeitern kann zu einem gewinnbringenden Austausch und zu neuen Möglichkeiten führen und ist für die Transformation zu einem IoT basierten Geschäftsmodell essentiell (Fleisch et al., 2014).

Eine weitere Herausforderung im Zusammenhang mit dem IIoT entsteht für Unternehmen und deren Geschäftsmodell oftmals in Bezug auf die Konkurrenz. Traditionelle Unternehmen kennen ihre Mitbewerber, da diese meist aus derselben Branche kommen. Durch den Einsatz des IIoT müssen Unternehmen auch außerhalb ihrer eigenen Kategorie mit für sie bisher unbekannten Wettbewerbern konkurrieren (Ferber, 2014). Die neue Wettbewerbssituation veranlasst Unternehmen dazu, ihr Geschäftsmodell zu überdenken und gegebenenfalls sich durch die Innovation des Geschäftsmodells von Konkurrenten zu differenzieren. Jedoch liegt die Herausforderung von Unternehmen meist in der Erkennung von Anpassungsmöglichkeiten für die Zukunft und folglich auch in der Umsetzung der Geschäftsmodellinnovation (Reischauer & Schober, 2016).

Eine weitere Herausforderung im Kontext der Geschäftsmodellinnovation liegt für Unternehmen darin, das alte Geschäftsmodell loszulassen und nicht an vergangenen Strategien festzuhalten, um nicht ein Parallelsystem zweier Geschäftsmodelle zu schaffen (Reischbauer & Schober, 2016; Chesbrough, 2010).

3.1.2 Daten und Datenschutz

Das Thema Daten und Datenschutz beschäftigt sich hauptsächlich mit Herausforderungen für Unternehmen in Bezug auf Datenschutz, Datensicherheit, sowie auf die Frage wem die Daten gehören. Die Herausforderung bezüglich des Datenschutzes selbst bezieht sich einerseits auf personenbezogene Daten und andererseits auf unternehmensbezogene Daten (Molter et al, 2016; Hofmann, 2016).

Durch vernetzte intelligente Produkte ist das Sammeln von Daten zu einer leichten Aufgabe geworden. Daten werden von IIoT basierten Geschäftsmodellen in der ganzen Wertschöpfungskette und über die Unternehmensgrenzen hinaus gesammelt, verarbeitet und genutzt. Die erste Frage, die sich hierbei stellt, ist, wem die erhobenen Daten gehören. Gehören sie dem User, der die Daten generiert, oder dem Unternehmen, welches diese sammelt? Ein in der Literatur oftmals verwendeter Ansatz (vgl. Fleisch et al., 2014; Pentland, 2009), behandelt Daten als Gut, welches dem Erzeuger der Daten, sprich dem Unternehmen gehören. Wenn die Daten einem Unternehmen gehören, können sie wie Geld behandelt werden und entweder verkauft, frei zur Verfügung gestellt, oder für eine Gegenleistung getauscht werden.

Wichtig ist jedoch, dass ein Unternehmen eine sichere und transparente Vorgehensweise hat und den Nutzern/ Nutzerinnen vermittelt, wie es mit den Daten umgeht und wofür sie verwendet werden. Nur unter diesen Bedingungen kann ein langfristiger Nutzen für Kunden und Kundinnen und Unternehmen generiert werden (Fleisch et al., 2014). Jedoch gibt es speziell im

Zusammenhang mit den Rechten um Daten und Datenschutz viele rechtliche Herausforderungen (Vgl. Hornung, 2016).

Die Sammlung von Daten beinhaltet in den meisten Fällen personenbezogene Daten. Einerseits unternehmensintern (von Mitarbeitern) und andererseits extern (u.a. von Kunden und Lieferanten). Die Sammlung personenbezogener Daten bedeutet nicht nur Gefahren für die Personen selbst, sondern auch Herausforderungen für Unternehmen, wie mit solchen Daten umgegangen werden soll. Für Unternehmen haben personenbezogene Daten einen großen Wert. Mitarbeiterspezifische Informationen können Unternehmen helfen den Produktionsprozess zu optimieren, indem beispielsweise im Falle einer defekten Maschine automatisch der nächstgelegene Mitarbeiter verständigt wird. Kundenspezifische Daten sind für Unternehmen essentiell im Bereich der Individualisierung von Produkten und Dienstleistungen und generieren somit für ein Unternehmen einen bedeutenden Mehrwert (Hofmann, 2016).

Neben personenbezogenen Daten müssen sich Unternehmen ebenso um den Schutz unternehmensbezogener Daten kümmern. Gelangen zum Beispiel Daten bezüglich der Auslastung der Maschinen nach Außen, können Rückschlüsse auf die Auftragslage gemacht werden und diese können wiederum bei Vertragsverhandlungen nachteilig für das Unternehmen verwendet werden. (Hofmann, 2016).

Obwohl sich durch Daten viele Chancen für Unternehmen ergeben und diese neue Geschäftsmodelle ermöglichen, stellen sie ein erhebliches Gefahrenpotential für Unternehmen dar (Hofmann, 2013). Um diese Herausforderung zu überwinden bedarf es transparenter und offener Kommunikation auf Unternehmensseite und einer Weiterentwicklung und Neuanpassung juristischer Richtlinien.

3.1.3 Sonstige relevante Herausforderungen

Abhängig von den Unternehmen, deren Branche und deren aktuellem Geschäftsmodell ergeben sich jeweils spezifische Herausforderungen. Die in der vorliegenden Arbeit aufgezählten möglichen Herausforderungen bieten einen Überblick und erheben keinen Anspruch auf Vollständigkeit. Im Folgenden werden weitere Herausforderungen durch das IIoT auf Unternehmen und deren Geschäftsmodelle aufgelistet.

Die Struktur innerhalb eines Unternehmens wird sich durch den vermehrten Einsatz von smarten Maschinen grundsätzlich ändern. Neue spezialisierte Fachkräfte werden benötigt und andere Berufsgruppen innerhalb eines Unternehmens werden wegfallen. In der Literatur wird oftmals ein Fachkräftemangel prophezeit. Unternehmen müssen sich nunmehr grundsätzlich mit der Ausbildung ihrer (zukünftigen) Mitarbeiter beschäftigen. Ebenso können sich durch eine veränderte Unternehmensstruktur Geschäftsmodelle bezüglich ihrer Wertschöpfungsketten ändern (Vgl. Ganschar et al., 2013; Molter et al., 2016).

Ein weiterer relevanter Aspekt, welcher gleichermaßen eine Voraussetzung für

Unternehmen darstellt, ist technischer Natur. Die Bereitstellung einer technischen Infrastruktur, sowie eine ausgereifte technische Basis auf Anwendungsebene sind erforderlich, um die Entwicklung und Verbreitung voranzubringen. Ebenso sind Geschäftsmodelle und deren Entwicklung abhängig von technischen Änderungen. Somit kann die zurzeit stark forcierte Entwicklung neuer Technologien Einfluss auf bestehende Geschäftsmodelle haben (Vgl. Molter et al., 2016; Fleisch et al., 2014).

Als weitere Herausforderungen, mit denen sich Unternehmen bezüglich ihres Geschäftsmodells auseinandersetzen müssen, sind ethische Aspekte bezüglich der Nutzung von personenbezogenen Daten, sowie im Hinblick auf den Verlust von Arbeitsplätzen zu nennen (Vgl. Bendel, 2015). Abschließend wird in der Literatur der Wandel der Gesellschaft durch das IIoT als Herausforderung für bestehende Geschäftsmodelle gesehen, da sich die Ansprüche und Bedürfnisse, bedingt durch das Aufkommen des Internet der Dinge, Kundenwünsche, -ansprüche und Bedürfnisse grundlegend verändern. Zudem gehen Innovationen vermehrt vom Kunden aus und der Kunde wird – wie bereits oben geschildert – Teil des Wertschöpfungsprozesses (Vgl. Franken, 2016; Molter, 2016).

Zusammenfassend kann eine Präsentation der Universität St. Gallen genannt werden, welche sechs grundsätzliche Veränderungen und somit neue Herausforderungen, die bedingt durch das IIoT auf Unternehmen und deren Geschäftsmodelle zukommen, erklärt (Fleisch & Weinberger, 2014).

- Produzenten physischer Güter werden immer mehr zu Dienstleistungs-anbietern (siehe Kapitel 2.1)

- Zwei unterschiedliche Kulturen, die des Internets und die der Industrie, treffen auf einander. Dadurch kann es zu Konfliktpotenzial kommen und Mediatoren werden benötigt.

- Unternehmen müssen stärker zusammenarbeiten, um gemeinsam Werte zu schaffen (siehe Kapitel 2.4). Der strategische Wert von Entwick-lungs-Communitys und Business Ökosystemen wird immer relevanter.

- Die Entwicklung der richtigen Geschäftsmodelle kann mitunter lange dauern und gelingt nicht immer nach Plan. Wichtig ist es zu experimen-tieren und schnell Ideen auszuprobieren, auch wenn Fehler passieren können (siehe Kapitel 2.2).

- Es ist wichtig, zunächst überschaubare Applikationen zu generieren. Erst wenn es ein solides Fundament gibt, kann man komplexe Systeme schaffen. Think big, start small (siehe Kapitel 2.2).

- Unternehmen müssen den Umgang mit Anwendungsdaten lernen und verstehen. Ein Unternehmen muss sich bewusst werden, was es braucht, damit ein Mitarbeiter zu einem High Resolution Manager wird, oder wem die generierten Daten gehören.

Erst wenn diese umfangreichen Herausforderungen sinnvoll adressiert werden, kann sich ein Unternehmen zu einem erfolgreichen Unternehmen im Industrial Internet of Things entwickeln.

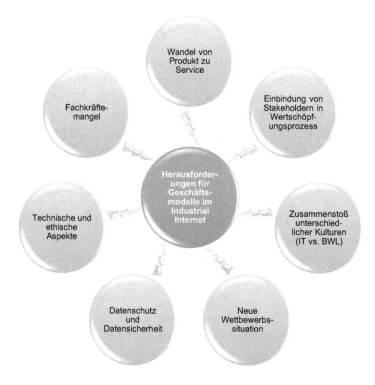

Abbildung 6: Herausforderungen für Geschäftsmodelle im Industrial Internet (eigene Darstellung)

3.2 Chancen für Geschäftsmodelle im Industrial Internet of Things

Viele der oben genannten Herausforderungen stellen auch gleichzeitig Chancen für Unternehmen und deren Geschäftsmodelle dar. Die Entwicklung und Integration des Industrial Internet of Things birgt für Unternehmen aus allen Branchen verschiedene Chancen. Beginnend bei der Innovation bestehender Geschäftsmodelle, hin zur Entwicklung völlig neuer Geschäftsmodelle, sowie der Erschließung neuer Märkte und der Entwicklung neuer Produkte und insbesondere neuer Services und innovativer Produkt-Service-Kombinationen. Für Geschäftsmodelle ergeben sich durch das Industrial Internet of Things somit zahlreiche Chancen. Im Bereich der Produktion eines Unternehmens nennt Roth (2016) Individualisierung, Flexibilisierung und Produktivitätssteigerung. Im

Bereich Personal sieht er die Steigerung der Einsatzfähigkeit der Mitarbeiter und zudem verweist er auf eine neue Ausrichtung der Unternehmensstrategie und somit die Erweiterung des gesamten Geschäftsmodells als potentielle Chance.

Durch die **Individualisierung** im Bereich der Produktion können kurzfristige und individuelle Kundenwünsche in den Produktionsprozess integriert werden. Somit ist es Unternehmen möglich, auch außerhalb der üblichen Konfigurationsmöglichkeiten der Serienfertigung u.a. durch ein ganzheitliches digitales Engineering Kundenbedürfnisse zu berücksichtigen. Basierend auf dem Einsatz von IIoT Technologien kann die Rentabilität bei der Produktion von Kleinstmengen (bis zu Losgröße Eins) gesteigert werden.

Mit Hilfe neuer Technologien, wie etwa des 3-D Drucks im Prototypenbau oder durch Predictive Analytics, und die dadurch bedingte **Flexibilisierung** und Verkürzung der Lead Time, sprich der Reaktionszeit auf Kundenanfragen, sowie der Verkürzung der Entwicklungszeiten (Time to Market), werden Geschäftsmodelle zunehmend effizienter. Zudem können etwa durch Ad-Hoc Vernetzungen oder durch Cyber Physische Systeme Geschäftsprozesse dynamischer gestaltet werden. Reaktionszeiten auf Veränderungen wie etwa kurzfristige Erhöhungen der Liefermenge werden basierend auf technologischen Fortschritten verkürzt und effizienter gestaltet. Basierend auf der digitalen Transparenz in Echtzeit können Entscheidungen flexibler und schneller getroffen werden.

Ebenso kann eine **Produktivitätssteigerung** durch IIoT basierte Technologien erzielt werden. Basierend auf Informationen, Daten und effizienterer Produktion können Ressourcen effektiver und effizienter genutzt werden. Predictive Maintenance im Produktions- und Servicebereich ermöglicht die Vorhersage und Optimierung erforderlicher Wartungsprozesse.

Im Bereich der Mitarbeiter bietet die Nutzung des Industrial Internet of Things die Möglichkeit der **Steigerung der Einsatzfähigkeit der Mitarbeiter**. Mitarbeiter können durch den Einsatz von technischen Systemen die Arbeit individuell gestalten. Durch aktuelles Informations- und Trainingsmaterial können Mitarbeiter ihre Fähigkeiten erweitern und sich zunehmend spezialisieren. Dem oft konstatierten Mangel an Fachkräften kann mittels innovativer Laufbahnmodelle und steigender Diversität der Arbeitskräfte entgegengewirkt werden. Der Einsatz IIoT basierter Technologien ermöglicht eine erhöhte Flexibilität der Arbeit und eine potenziell verbesserte Work-Life-Balance.

Durch die Nutzung des Industrial Internet of Things kann sich das gesamte **Geschäftsmodell erweitern** oder es entstehen gänzlich neue Geschäftsmodelle. Das Leistungsportfolio eines Unternehmens kann durch neue Wertschöpfungspotenziale erweitert werden. Durch die Entwicklung hybrider Geschäftsmodelle werden Produktanbieter zu Lösungsanbietern und können somit neue Märkte erschließen (Roth, 2016; Eckert, 2015; Kagermann, 2014). Speziell durch die Nutzung von Daten können neue Geschäftsfelder und Geschäftsmodelle entstehen. Durch das IIoT werden der Umgang und die

Nutzung von Daten zur grundlegenden Fähigkeit eines Unternehmens werden. Spezifisch im Bereich datenzentrierter Geschäftsmodelle ergeben sich durch den Handel und die Nutzung personenbezogener Daten neue Geschäfts- und Erlösmodelle. Durch die Auswertung von Nutzungsdaten entstehen neue Möglichkeiten der Produkt- und Serviceentwicklung (Kagermann, 2014).

Weitere relevante Chancen im Zusammenhang des Industrial Internet of Things mit Geschäftsmodellen bestehen in der Entwicklung neuer Managementformen, wie beispielsweise dem High Resolution Management (Vgl. Fleisch et al., 2014). Dieses ermöglicht durch die Digitalisierung von Prozessen und basierend auf der Verfügbarkeit von Echtzeitdaten und der Entstehung von Grenzkosten gleich Null, ein hochauflösendes Management, welches traditionelle Managementformen ablöst. Eine weitere von Fleisch et al. (2014) identifizierte Chance ist die Integration bisher nur in der digitalen Welt existierender Geschäftsmodellmuster in der physischen Welt.

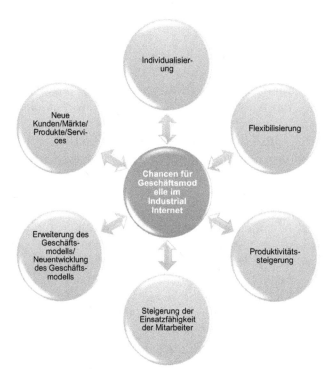

Abbildung 7: Chancen für Geschäftsmodelle im Industrial Internet (eigene Darstellung)

LITERATURVERZEICHNIS

Berman, Saul, J.; Bell, Ragna (2011): Digital transformation: Creating new business models where digital meets physical. IBM Institute for Business Value, 1-17.

Bendel, Oliver (2015): Die Industrie 4.0 aus ethischer Sicht. HMD Praxis der Wirtschaftsinformatik. Vol. 52(5). 739-748.

Bienzeisler, Berns; Ganz, Walter (2010): Management hybrider Wertschöpfung – Einführung in die Problemstellung. Management hybrider Wertschöpfung – Potenziale, Perspektiven und praxisorientierte Beispiele. Fraunhofer Verlag.

Bielefeldt, Jonas; Thaler, Verena; Herbst, Uta (2016): Servicetransformation als Treiber von neuen Geschäftstätigkeiten – eine empirische Betrachtung der unterschiedlichen Branchen. Servicetransformation – Entwicklung von Produktanbieter zum Dienstleistungsanbieter. Forum Dienstleistungsmanagement. Springer Gabler Verlag, Wiesbaden.

Bonina, Calra, M. (2013): New business models and the value of open data: definitions, challenges and opportunities. RCUK Digital Economy Theme. NEMODE - 3K Small Grants Call 2013.

Bruhn, Manfred; Hepp, Michael; Hardwich, Karsten (2015): Vom Produkthersteller zum Serviceanbieter – Geschäftsmodelle der Servicetransformation. Marketing Revue St.Gallen. Vol. 32., No.1, S. 28-39.

Bucherer, Eva; Eisert, Uli; Gassmann, Oliver (2012): Auf dem Weg zur systematiscehn Geschäftsmodellinnovation – Erkenntnisse aus dem Produktinnovationsmanagement. Innovationsstrategien – Von Produkten und Dienstleistungen zu Geschäftsmodell-innovationen. 2014. Springer-Gabler-Verlag, Wiesebaden. 145-171.

Chesbrough, Henry (2010): Business Model Innovation. Opportunities and Barriers. Long Range Planning 43 (2010). 354-363.

Eckert, Roland (2015): Herausforderung Hyperwettbewerb in der Branche: Strategie und strategisches Geschäftsmodell im Fokus. Springer-Verlag. Wiesbaden.

European Commission, DG Connect (2016): Glossar. Online verfügbar unter: https://ec.europa.eu/digital-single-market/en/glossary#i

Ferber, Stefan (2014): Wie das Internet der Dinge alles verändert. Harvard Business Manager. Online verfügbar unter: http://www.harvardbusinessmanager.de/blogs/das-internet-der-dinge-die-naechste-revolution-a-909940.html

Fleisch, Elgar; Weinberger, Markus (2014): Geschäftsmodelle und das Internet der Dinge (Youtube Video). Universität St.Gallen. Online verfügbar unter: https://www.youtube.com/watch?v=6MrCr-52GLI

Fleisch, Elgar; Weinberger, Markus; Wortmann, Felix (2014): Geschäftsmodelle im Internet der Dinge. Bosch Internet of Things & Service Lab; Universität St.Gallen.

Franken, Swetlana (2016): Arbeitswelt der Zukunft als Herausforderung für die Führung. Führen in der Arbeitswelt der Zukunft. Springer Fachmedien Wiesbaden. 3-26.

Ganschar, Oliver; Gerlach, Stefan; Hämmerle, Moritz; Krause, Tobias; Schlund, Sebastian (2013): Produktionsarbeit der Zukunft-Industrie 4.0. Spath, Dieter (Hrsg.). Stuttgart: Fraunhofer Verlag.

Gassmann, Oliver; K. Frankenberger, M. Csik (2013): Geschäftsmodelle entwickeln. 55 innovative Konzepte mit dem St. Galler Business Model Navigator. Hanser Verlag, München.

Grottke, Markus; Obermaier, Robert (2016): Unternehmerische Herausforderungen bei Industrie 4.0 Projekten – Einsichten aus zwei Prozessstudien. Industrie 4.0 als unternehmerische Gestaltungsaufgabe – Betriebswirtschaftliche, technische und rechtliche Herausforderungen. 2016. Springer Gabler Verlag. 309-322.

45

Hasler, Daniel (2015): Geschäftsmodelle der Datenindustrie: Herleitung eines Klassifizierungsansatzes mit Fallbeispielen aus der Telematik. Diplomica Verlag.

Hofmann, Kai (2013): Schutz der informationellen Selbstbestimmung von Unternehmen in „intelligenten "Netzwerken. Zeitschrift zum Innovations-und Technikrecht. Vol. 1(4). 210-216.

Hofmann, Kai (2016): Datenschutz in der Industrie 4.0 – Neue lösungsansätze der Europäischen Datenschutzverordnung. Industrie 4.0 als unternehmerische Gestaltungsaufgabe. 2016. Obermaier, Robert (Hrsg.). Springer Gabler. Wiesbaden. 171-187.

Hoffmeister, Christian (2015): Digital Business Modelling – Digitale Geschäftsmodelle entwickeln und strategisch verankern. Hanser Verlag.

Hornung, Gerrit (2016):Rechtliche Herausforderung der Industrie 4.0. Industrie 4.0 als unternehmerische Gestaltungsaufgabe – Betriebswirtschaftliche, technische und rechtliche Herausforderungen. 2016. Springer Gabler Verlag. 69-81.

Institut der deutschen Wirtschaft Köln Consult GmbH (IW Köln) (2012): Digitale Geschäftsmodelle – Wirtschaftlicher Erfolg durch Effiziente Strukturen und Prozesse. PROZEUS – eBusiness-Praxis für den Mittelstand.

Jaeckel, Michael (2016): Die Anatomie digitaler Geschäftsmodelle. Springer Verlag, Wiesbaden.

Jahn, Benedikt; Pfeiffer, Markus (2014): Spektrum Marketingmanagement: Die digitale Revolution – Neue Geschäftsmodelle statt (nur) neue Kommunikation. Marketing Review St.Gallen. Vol. 31 (1). 79-92.

Kagermann, Henning (2014): Chancen von Industrie 4.0 nutzen. Industrie 4.0 in Produktion, Automatisierung und Logistik. 2014. Bauernhansl, Thomas; Hompel, Michael, ten; Vogel-Heuser, Birgit (Hrsg.). Springer Gabler Verlag, Wiesbaden.

Kaufmann, Timothy (2015): Geschäftsmodelle in Industrie 4.0 und dem Internet der Dinge: der Weg vom Anspruch in die Wirklichkeit. Springer-Verlag.

Land Salzburg (2016): Open Government Data in Salzburg. Online verfügbar unter: https://www.salzburg.gv.at/themen/statistik/ogd/ueber-ogd-salzburg

Leiteritz, Rapahel (2004): Open Source Geschäschäftsmodelle. Open Source Jahrbuch 2004 – Zwischen Softwareentwicklung und Geschäftsmodell.

McKinsey Global Institute (2015): The Internet of Things: Mapping the value beyond the hype.

Molter, Heinz; Steets, Pascal; Krüger, Robert (2016): Geschäftsmodelle mit dem Internet der Dinge. Fallstudienarbeit der Hochschule für Ökonomie und Management Düsseldorf.

Müller, Hans-Erich (2015): Geschäftsmodellinnovation – Nicht nur Technologie. GFPM Magazin. 03/15. 4-5.

Österle, Hubert; Otto, Boris (2014): Das datenzentrierte Unternehmen: Eine Business-Engineering-Perspektive. In Enterprise-Integration. Springer Berlin Heidelberg. 91-105.

Osterwalder, Alexander; Yves Pigneur (2011): Business Model Generation. Ein Handbuch für Visionäre, Spielveränderer und Herausforderer. Campus Verlag.

Otto, Boris; Aier, Stephan (2013): Business Models in the Data Economy: A Case Study from the Business Partner Data Domain. University of St. Gallen, Institute of Information Management, St. Gallen, Switzerland. 475-489.

Pentland, Alex (2009): Reality mining of mobile communications: Toward a new deal on data. The Global Information Technology Report 2008–2009. World Economic Forum. 75-80.

Platt, James; Souza, Robert; Checa, Enrique; Chabaldas, Ravi (2014): Seven Ways to profit from big data as a business. BCG Technology Advanatage. 6-10.

Reischauer, Georg; Schober, Lukas (2016): Industrie 4.0 durch strategische Organisationsgestaltung managen. Industrie 4.0 als unternehmerische Gestaltungsaufgabe. 2016. Obermaier, Robert (Hrsg.). Springer Gabler. Wiesbaden. 271-290.

46

Roth, Armin (2016): Industrie 4.0–Hype oder Revolution?. Einführung und Umsetzung von Industrie 4.0. Springer Berlin Heidelberg.1-15.

Rubinstein, Mor; Villum, Christian (2016): Open data businesses - an oxymoron or a new model? Open data handbook. Online verfügbar unter: .. http://opendatahandbook.org/value-stories/en/business-and-open-data/

Schallmo, Daniel, R. A. (2014): Kompendium Geschäftsmodell-Innovation. Grundlagen, aktuelle Ansätze und Fallbeispiele zur erfolgreichen Geschäftsmodell-Innovation. Springer/Gabler, Wiesbaden.

Schwarz, Erich; Krajger, Ines; Holzmann, Patrick (2016): Prozessmodell zur systematischen Geschäftsmodellinnovation. Geschäftsmodellinnovationen – Vom Trend zum Geschäftsmodell. Granig, Peter; Hartlieb, Erich; Lingenhel, Doris (Hrsg.). 2016. Springer-Gabler. Wiesbaden.

Spath, Dieter; Demuß, Lutz (2003): Entwicklung hybrider Produkte – Gestaltung materieller und immaterieller Leistungsbündel. Service Engineering – Entwicklung und Gestaltung innovativer Dienstleistungen. Springer Berlin Heidlberg. 2003, 2006. 2. Auflage.

Strauß, Ralph, E. (2013): Digital business excellence. Strategien und Erfolgsfaktoren im E-Business, Stuttgart.

VBW Studie: Institut der deutschen Wirtschaft Consult GmBh (2015): Hybride Geschäsftmodelle als Lösungsanbieter zum Erfolg.

Veit, Daniel; Clemons, Eric; Benlian, Alexander; Buxmann, Peter; Hess, Thomas; Spann, Martin; Kundisch, Dennis; Leimeister, Jan, Marco (2014): Geschäftsmodelle – Eine Froschungsagenda für die Wirtschaftsinformatik. Wirtschaftsinformatik. Vol. 56(1), 55-64.

Wirtz, Bernd W. (2013): Business Model Management: Design – Instrumente – Erfolgsfaktoren. Springer/Gabler, Wiesbaden.

Zeleti, Fatemeh, A.; Ojo, Adegboyega; Curry, Edward (2014): Emerging business models for the open data industry: characterization and analysis. In Proceedings of the 15th Annual International Conference on Digital Government Research. 215-226.

Zumtobelgroup (2015): Presseinfromation – Now! Das Dienstleistungsangebot der Zumtobelgroup. Online verfügbar unter: http://www.zumtobelgroup.com/download/PM_ZG_NOW_Dienstleistungsangebot_2015_0 1_28_DE.pdf

Zumtobel (2016): Unternehmen – Über Zumtobel. Online verfügbar unter: http://www.zumtobel.com/at-de/unternehmen.html#1628.

DIE REIHE „INNOVATIONLAB ARBEITSBERICHTE"

In der Reihe „InnovationLab Arbeitsberichte", herausgegeben vom Forschungsbereich InnovationLab der Salzburg Research Forschungsgesellschaft mbH sind bisher folgende drei Bände erschienen:

Band 1 (April 2015)
Europäische Kulturstraßen und Naturwege 2.0: Vermittlung von kulturellem Erbe mit mobilen Informations- – und Kommunikationstechnologien am Beispiel des Weitwanderweges „SalzAlpenSteig"
(Veronika Hornung-Prähauser und Diana Wieden-Bischof)

ISBN 978-3-734786-88-4

Band 2 (März 2016)

Geschäftsmodelle   für   AAL-Lösungen   entwickeln
durch systematische Einbeziehung der Anspruchsgruppen
(Veronika   Hornung-Prähauser,   Hannes   Selhofer
und Diana Wieden-Bischof)

ISBN 978-3-739239-30-9

Band 3 (April 2016)

Das Potential verfügbarer Daten für Forschung und Entwicklung
von Active and Assisted Living bzw.
Ambient Assisted Living (AAL)
(Sandra Schön, Cornelia Schneider, Diana Wieden-Bischof und Viktoria Willner)

ISBN 978-373-9-239-28-6

Band 4 (September 2017)

Geschäftsmodellinnovationen durch Industrie 4.0 – Wie sich Geschäftsmodelle im Industrial Internet verändern
(Markus Lassnig, Petra Stabauer, Hannes Selhofer)

ISBN 978-3-744872-67-6